나답게
말하고   삽시다

나답게
말하고   삽시다

| | | |
|---|---|---|
| **펴낸날** | **초판 1쇄** 2025년 8월 8일 | |
| **지은이** | 오창균 | |
| **펴낸이** | 강진수 | |
| **편 집** | 김은숙, 우정인 | |
| **디자인** | Stellalala_d | |
| **인 쇄** | (주)사피엔스컬쳐 | |
| **펴낸곳** | (주)북스고 **출판등록** 제2024-000055호 2024년 7월 17일 | |
| **주 소** | 서울시 서대문구 서소문로 27, 2층 214호 | |
| **전 화** | (02) 6403-0042 **팩 스** (02) 6499-1053 | |

ⓒ 오창균 2025

- 이 책은 저작권법에 따라 보호를 받는 저작물이므로 무단 전재와 무단 복제를 금지하며, 이 책 내용의 전부 또는 일부를 이용하려면 반드시 저작권자와 (주)북스고의 서면 동의를 받아야 합니다.
- 책값은 뒤표지에 있습니다. 잘못된 책은 바꾸어 드립니다.

**ISBN**    979-11-6760-109-4   03320

책 출간을 원하시는 분은 이메일 booksgo@naver.com로 간단한 개요와 취지, 연락처 등을 보내주세요.
Booksgo는 건강하고 행복한 삶을 위한 가치 있는 콘텐츠를 만듭니다.

수천 명을 변화시킨 부드럽지만 단단하게 말하는 법

# 나답게 말하고 삽시다

오창균 지음

Booksgo

# 잘나가는 스피치에는
# 나다움이 있다

연극배우로 살아가다가 15년을 연애한 여자친구의 프로포즈를 받았던 스물아홉 즈음, 세상을 좀 더 현실적으로 살아야 한다는 생각에 처음 다른 직업을 찾았고, 강사라는 직업을 만났다. 이후 14년간 무대 혹은 일상생활에서 말 잘하고 싶은 사람들, 자신의 말하기 특징을 알고 변화하고 싶은 다양한 목적의 회사원, 방송인, 강사 지망생, 취업 준비생, 주부, 학생, 기업 리더 등 수천 명을 만나 수업했다. 그간을 돌아보니, 말을 배운다는 것은 더 괜찮은 성과를 얻기 위함이라는 원초적 목표와 동시에 생각, 감정, 정보를 좀 더 명쾌하게 전달하고, 기계가 아닌 한 명의 사람으로서 자신 고유의 매력을 찾기 위함이라는 것을, 그를 통해 하나뿐인 삶에서 좀 더 나답고 행복하게 살기 위함이라는 핵심을 발견했다.

이 책에는 그간의 생생한 수업 이야기와 함께, 강사 이전에 한 명의 사람으로 성과를 내기까지 실수하고 배워 나간 나의 이야기들도 함께 담았다. 좀 더 그럴싸한 단어로 멋지게 폼도 잡고 싶었지만, 결국 말이든 글이든 가장 힘 있을 때는 '쓸데없는 힘을 빼고, 자신을 통과한 이야기를 할 때'다. 직접 경험하고 살아낸 이야기에는 꾸밈이 줄 수 없는 진짜 생동감과 에너지가 들어 있기 때문이다.

좋은 스피치에는 대표적으로 세 요소가 있다. 내용의 주된 요소가 되는 '전문성', 그 사람만의 진짜 마음이 느껴지는 '진정성', 수십억의 사람 중 그 사람만이 가진 고유한 매력인 '정체성'이 만나 순환되는 균형을 가질 때 진짜 좋은 말하기, 즉 최상의 스피치가 완성된다. 자신의 전문성, 논리정연함과 함께 관심을 가져야 할 말하기의 포인트는 바로 진정성과 정체성이다.

인공지능 프로그램은 몇 초만에 세상의 온갖 정보를 기반으로 높은 수준의 원고를 만들어 내고, 세계 최고 수준의 시나리오가 넘쳐나는 할리우드에서는 챗GPT 등의 인공지능 시스템 도입과 적용에 대한 반대 시위를 열기도 했다. 이를 보면서 인간만의 영역이라 여겼던 부분을 기술이 대체할 확률이 높아졌다는 점을 다시 한번 고민하게 된다.

이런 시대일수록 사람 냄새 나는 말하기, 각자의 고유한 색과 결을 찾는 말하기, 소위 '유기농의 말하기' 느낌을 가진 사람이 더 강한 경쟁력을 가지게 된다. 지식, 논리 등 전문성과 동시에 그와 연결된 자신만의 이야기들을 말할 수 있는지가 관건이 되며, 인위적이고 형식적인 말투가 아닌 자연스럽고 진심이 느껴지는 말투가 일상과 직업에서 중요한 역할을 한다. 즉, 깊이 있는 표현의 과정에서 하나뿐인 나의 정체성을 찾는 것은, 우리가 반드시 배워야 할 현재와 미래 스피치의 중심이다.

'말 한마디에 천 냥 빚을 갚는다'라는 흔한 속담이 있다. 말이 그만큼 중요하다는 의미인데, '천 냥'은 과연 지금 가치로 얼마일까? '냥'은 18세기 즈음 조선시대의 화폐 단위로, 당시 쌀 한 섬(약 144kg)은 다섯 냥이었다. 현재 쌀 20kg 기준 평균 6만 원이라 했을 때, 한 냥으로 쌀 20kg 이상을 살 수 있으니, 천 냥이면 최소 6천만 원의 가치가 된다. 쉽게 말하면 '말 한마디에 6천만 원 빚을 갚는' 셈이다. 만약 은행이든 사람이든 말 한마디로 6천만 원을 대신 갚을 수 있다면, 말을 잘해서 현금 6천만 원을 받을 수 있다면 우리가 말을 배우는 자세는 어떻게 바뀔까?

하나의 예시일 뿐이지만, 현실에서 말 한마디로 돈과는 또 다른 가치인 사람의 마음을 얻기도 하고, 말을 잘못해서 마음을 잃거나 꽤 아픈 상처를 주고받기도 한다. 고객과의 만남에서 성공적 대화로 업무 성과가 높아지거나 기회를 놓치기도 하며, 자신의 컨텐츠를 사람들 앞이나 유튜브, 인스타그램, 틱톡 등의 다양한 매체에서 매력적으로 전달하면 평범한 사람도 일약 스타가 되기도 한다.

좋은 스피치를 배워간다는 것은 또 하나의 버거운 공부가 아니라 즐거움이 되어야 한다. 생각과 정보, 때로는 마음을 공유하는 일은 매우 흥미롭고 유익한 일이지만, 우리나라에서 '스피치'라는 단어는 대부분 부담스럽게 느끼는 경향이 있다. 특히 사람들 앞에서 말하는 일을 서로 응원하고 소통하는 환경이 아닌, 주로 경직되거나 경쟁하는 환경에서 접했기 때문일 것이다. 과제 발표, 평가, 경쟁 등 사무적이고 긴장된 상황 속에 경험도 없는 사람이 어찌 스피치를 유연하고 당당하게 할 수 있겠는가? 그러한 위축된 경험이 쌓이다 보면 목소리와 표정, 느낌마저 굳어 버린다.

스피치를 잘하는 사람들, 말의 주인으로 사는 사람들은 철저히 준비하고 확신하되 분명 자기 무대를 즐긴다. 마냥 즐기는 것을 넘어 무대 위에서 말이나 표현을 할 때 주체적이고 주도적이다. 남의 눈치와 환경에 함몰되지 않고 온전한 자신으로 존재하며, 청중들은 그 말의 기운에 집중하고 감흥과 감동을 느낀다. 그 중심에 있는 것이 바로 '자존감'이다. 누군가에게 잘 보이려 아등바등하지 않는, 자신의 삶과 존재를 소중히 여길 줄 아는 마음의 근간에서 건강한 말하기가 시작된다.

이처럼 말하기, 목소리, 표정, 발성, 발음, 제스처, 구성법 등 겉으로 보이는 부분은 가치관, 마음가짐, 태도처럼 보이지 않지만 본질이 되는 내면의 뿌리와 연결되어 있다. 그래서 이 책에서는 말하기 개선에 도움이 될 수업 내용과 누구나 적용할 수 있는 배우들의 보이스 트레이닝 훈련법 등에 더해, 자존감이라는 마음의 이야기들도 함께 다루고자 한다.

스피치 코치로서 많은 사람들을 만나며 발견한 공통의 원리가 있다. 우리는 누구나 삶과 일상이라는 무대를 살아가는 하나뿐인 소중한 배우라는 것이다. 이것은 거창한 비유가 아니라 객관적인 원리이다. 연극의 3대 요소는 '대본', '배우', '청중'인데, 우리 또한 일상이라는 무대에서 배역에 맞게 말할 내용을 숙지하고, 사람들과 대화하고, 웃거나 울기도 하며 살아가기 때문이다.

세일즈를 하는 사람들은 자신의 배역에 맞게 옷을 입고 상품에 대한 내용을 공부하며, 현장으로 나가 사람들을 설득한다. 이때 말과 목소리를 전달하는 것 모두가 그 배역의 임무가 된다. 취업 준비생 또한 정장을 차려입고 취업 서류와 면접을 준비한다. 이때 면접은 자신의 경험과 경력, 마음가짐을 면접관에게 전달하는 일종의 오디션이자 공연이다. 이처럼 자신만의 무대를 위해 잘 준비하고 노력해서 자신의 이야기를 얼마나 잘 전달하느냐에 따라 일의 결과는 물론 삶의 흐름이 달라지기도 한다. 그렇기에 우리 모두 삶이라는 무대의 배우로서 좋은 스피치와 표현력, 목소리를 가진다는 것은 정말 중요한 경쟁력이다.

  말을 잘하고 싶다는 것은 결국 우리 삶에 좀 더 웃을 일이 많길 바라는 의지이자 고귀한 열정이다. 부디 당신만의 전문성, 진정성, 정체성의 절묘한 균형을 찾고, 인간관계의 무대에서 손해 보지 않고 더 잘 말할 수 있기를, 꽤 괜찮은 삶을 사는 데 도움이 되기를 바라며 조금은 특별한 스피치 안내를 시작한다.

오창균

**목차**

**프롤로그** | 잘나가는 스피치에는 나다움이 있다 ・004

## Part 01 말하기는 마음의 거울이다

스피치가 무서웠던 회사원이 스피치 강사가 된 이유 ・016
제 말이 빠르다고요? 전 그렇게 생각 안 해요 ・020
말 과소비는 텅 빈 마음 탓이다 ・025
삶의 무대에 당당히 서려면 타이즈를 입어라 ・028
시선 처리는 스킬이 아니다 ・033
세상을 다르게 볼 때 대화법도 달라진다 ・038
그치? 어때? 라는 말은 스피치의 힘을 뺏어 간다 ・042
마음에도 동파 방지가 필요하다 ・047
진정한 자유로움 ・052

## Part 02  나를 더 빛내 주는 말하기의 요건

중심과 진심이 있는 목소리의 균형 · 058
묵은지, 신 김치 또는 겉절이 같은 스피치 · 062
좋은 스피치는 코스 요리와 같다 · 067
힘을 빼면 더 힘이 생긴다 · 076
**표현력 업그레이드** 일상 속 안정된 목소리와 스피치를 위한 쉼의 시간 · 081
진짜 경청과 가짜 경청 · 084
익숙한 것을 낯설게 하는 힘, 비유 · 090
유머라는 것의 이해 · 097
불분명한 스피치는 불분명한 생각에서 나온다 · 102
지적해 줄 사람이 있나요 · 110
외모의 청결도 대화에 포함된다 · 114
말을 잘하려 하지 말고 잘할 수 있는 말부터 시작하라 · 119
**표현력 업그레이드** 잘할 수 있는 말, 나다움의 스피치 · 123

## Part 03  나와 세상을 연결하는 말하기

대화에도 연결잭이 필요하다 · 128
대신 화내 주기의 힘 · 132
좋은 마음도 이기적이고 일방적일 수 있다 · 135
대화를 자연스럽게 마무리하는 법 · 139
가르치려는 마음 vs 만나려는 마음 · 143
바닥에 소통이 있었다 · 148
인정받으려는 대화에서 인정해 주는 대화로 · 152
웃긴 사람 되려다 우스운 사람 되지 말자 · 156
AI보다 진정성 있게 말할 수 있나요 · 160
문해력에서 이제는 감해력으로 · 165
거시기로 말해도 찰떡 같이 통하는 대화 · 169

## Part 04  아마추어가 아니라 프로답게 말하자

외유내강의 말하기 · 176
손동작이 분주한 건 머릿속이 분주해서다 · 179
꼰대와 멘토의 한 끗 차이 · 182
업무 대화는 칠(Chill)하게 하라 · 188
토론형 대화에서 유연하게 설득하는 법 · 192
메신저 대화에서 이모티콘은 적당히 · 197
현명한 겸손과 어설픈 겸손은 다르다 · 200
남을 설득하려면 나 자신부터 설득하라 · 205

## Part 05 무대 위 당당한 나로 서는 법

스피치는 나만의 드라마다 · 210
**표현력 업그레이드** 흥미로운 스토리텔링과 드라마 스피치의 조건 · 217
다양한 감정 표현과 틀 깨기 · 224
무대에서 가장 먼저 들어야 할 말 · 234
재미있게 말하는 법이 궁금해요 · 239
무대가 두렵다면 꼭 돌아봐야 할 것들 · 244
강사가 아니라 배우였다 · 253
갑작스러운 질문, 준비와 대처 · 262

## 부록 말하기 전에 준비됐나요

변화로 이어지는 셀프 캠페인 · 268
나만의 스크랩과 뉴스 스피치 · 273
내 이야기의 포스팅과 목록화 · 279
스피치 리허설 · 282
나의 캐릭터는 무엇인가 · 287

# Part 01

# 말하기는 마음의 거울이다

# 스피치가 무서웠던 회사원이
# 스피치 강사가 된 이유

스피치 불안증을 극복하기 위해 수업에 찾아온 40대 후반의 남성은 평범한 직장인이었다. 수업 참석은 열심히 하였지만 강사인 나를 포함해 함께 수업을 듣는 누구와도 눈을 잘 마주치지 않는 것이었다.

개인 스피치 발표 순서가 된 그는 앞에 나가기 전부터 불안하고 경직된 표정이었다. 몇 사람 되진 않았지만 막상 사람들 앞에 서려니 불안함이 커진 것이다. 얼굴은 붉어지고 목소리는 불안하게 떨렸다. 준비한 스피치는 공감을 얻거나 전달력을 전혀 갖지 못했다.

그러나 끝까지 말하고 끝까지 듣는 것이 중요하다. 그 사람이 지금 스피치를 잘하건 못하건, 떨리는 상황에서도 해 보려고 하는 의지와 마음을 함께하며 지지하고 알아주어야 하는 것이다. 3분 정도 이어진 그의 스피치가 마무리되었다.

"잘하셨습니다. 그리고 감사합니다."

그 말을 들은 그는 어리둥절한 표정이었다. 수업을 듣는 다른 사람들도 마찬가지였다. 내가 그렇게 말한 이유는 하나였다. 그 떨림 속에서 3분이라는 시간 동안 포기하지 않고 자기 이야기를 마친 그의 용기에 진심 어린 박수를 보내고 싶었다. 사실 나도 예전에 비슷한 경험을 했고, 나에게 보내 준 선생님의 격려와 응원 덕분에 지금의 나로 변화할 수 있었기 때문이다.

"사실 제가 이렇게 떨고 불안해하면서 발표하는 사람인지 전혀 몰랐어요. 그런데 한 2년 전 전체 직원들이 모인 자리에서 한마디 할 기회가 있었거든요. 연말 종무식을 하는 날이었는데, 저에게 갑자기 마이크가 온 거죠. 근데 갑자기 심장이 엄청 뛰는 거예요. 무슨 말을 하는지 모르겠고, 버벅거리는 모습을 바라보는 회사 사람들이나 부하 직원들의 표정이… 아직도 생생해요. 그 전에는 사람들 앞에서 말할 기회가 그리 많지 않아서 못 느끼다가 그날 이후부터 스피치나 발표, 마이크 이런 말만 들어도 마음이 조마조마해지더라고요. 그래서 오기가 생겨서 극복하고 싶은 마음에 수업에 오게 됐습니다."

그는 '외상 후 스트레스 증후군'이라고 하는 트라우마가 생긴 것이다. '자라 보고 놀란 가슴 솥뚜껑 보고 놀란다'고 발표의 순간만 되면 무의식적으로 그때의 기억과 불안함이 떠오르는 것이다.

나중에 알게 된 사실이지만, 그의 아버지는 엄하고 권위적이었다고 한다. 그래서 어렸을 적부터 자신의 의견이나 생각을 감추기에 급급했고 아버지의 뜻대로 하지 않으면 호되게 혼나면서 자랐다.

많은 사람들이 존재 그대로 인정받기 어려운 환경에서 자라 자신의 목소리와 스피치에 자신감이 없고 필요 이상의 눈치를 본다. 그러다 보면 자기 색깔이나 가치관이 옅어지게 되고, 결국 좋은 스피치와 표현은 힘들어진다.

"오늘부터 스피치라는 단어는 잊고, 본인의 일상에 대한 이야기를 마음 편하게 준비하세요. 그리고 수업을 받으러 오신 것이지만, 어떤 평가도 하지 않을 겁니다. 오해는 없길 바랍니다. 필요한 부분을 계속 안내하긴 하겠지만 일정 기간 평가하지 않겠다는 뜻입니다. 잘하고 못하고는 없습니다. 그냥 이야기하러 오세요. 한 주 동안 속상했던 것, 좋았던 것, 생각, 기분 등 주제는 어떤 거라도 좋습니다. 그리고 떨리면 그냥 떠세요. 안 떨려고 한다고 안 떨어집니까? 그냥 확실히 떨어 버리세요."

한동안은 마음을 주제로 편하게 발표하는 시간을 가졌고, 필요한 부분은 스스로 생각할 수 있는 가이드만 제시했다.

결국 사람에 대한 막연한 불신이나 불안의 원인을 알고, 스스로 만족하지 못한 상황에서도 지지 받는 시간을 가져야 한다. 사람은 평가 받는 존재가 아니라 존중 받고 즐겁게 어울리는 대상인 것이다.

"저, 저… 같은 사람도 스피치 강사를 할 수 있을까요?"

그간의 자유로운 스피치로 그는 무대 불안과 떨림이 놀라울 정도로 완화되었고, 자신의 삶을 돌아보고 마음도 다스리면서 '스피치'에 흥미가 생긴 것이다. 그렇게 그는 인생의 후반전에 대한 목표를 가지게 되었다. 해야 하고 공부할 것이 많지만 본인의 경험을 바탕으로 누군가에게 도움이 되는 삶을 살아 보고 싶다는 마음이 생긴 것이다.

그는 현재 같은 고민과 개선의 목표를 가진 100여 명 이상의 회원을 보유한 '스피치 동호회'의 회장으로 활동 중이다. 그리고 차근차근 자신이 원하는 삶을 준비하고 있다.

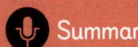
 **Summary**

발표 불안은 스피치 정리나 연습의 부족, 특정 트라우마 등이 원인이 된다. 발표 내용을 정리하고 연습하는 것도 중요하지만, 그와 동시에 왜 불안하고 두려운지 차분히 마음을 알아주는 것이 필요하다. 스피치를 통해 평가하는 것이 아닌 서로의 이야기를 나누고 자존감을 회복하는 즐거운 시간이 되길 바란다.

# 제 말이 빠르다고요?
# 전 그렇게 생각 안 해요

여느 때와 다름없이 일정을 마무리하려는데, 노크 소리가 들렸다.

"여기 스피치 수업 받을 수 있는 곳인가요?"

조금 차가운 말투에 딱딱 끊는 듯한 어미 처리, 단정하고 정갈하게 차려입은 40대 후반 여성이었다.

"사실 스스로는 동의하지 않지만 최근에 주변에서 종종 비슷한 말을 들어요. 제가 말이 좀 빠르고 차가워 보인다고요. 저는 딱히 그렇게 생각하지 않지만요."

일반적으로는 상담하다 보면 자신이 좋아지고 싶은 부분을 솔직하게 얘기하거나 마음을 열고 자신이 원하는 것을 찾아가는 경우가 많다. 하지만 간혹 자신의 진짜 마음을 이야기하지 않는 사람도 있다. 스스로의 문제를 모르고 있거나 인정하지 않는 것이다. 그녀와의 짧은 대화에서 말이 빠르고 차갑다는 걸 느낄 수 있었다. 다만 스스로 그것을 인정하느냐는 또 다른 문제였다.

1:1이나 소그룹 스피치 수업은 다수의 관객을 대상으로 하는 강의와는 조금 다르다. 본인이 원하는 변화를 위해 대화나 강의도 중요하지만, 무엇보다 실습하고 코칭 받고 실질적으로 노력하는 단계가 필요하다.

대기업의 부장이었던 그녀는 연말 성과 발표와 차기 아이디어에 대한 중요한 발표 스피치를 위해 찾아왔다고 했다. 그뿐이었다. 자신의 이야기는 하고 싶어 하지 않았다. 목소리는 차갑고 속도는 빨랐지만, 아직 코칭 받고 싶은 마음이 열리지 않은 것이다. 변화의 3단계인 인식, 인정, 수정의 단계 중 머리로 아는 인식의 단계까지는 왔지만, 마음으로 받아들이는 인정의 단계에서 머뭇거리는 것이다. 일단 본인의 발표 내용을 먼저 실습했고, 그 부분에 대한 피드백을 전달했다.

"지금 말의 속도가 평균 속도보다 빠릅니다. 말에는 음조, 음속, 음색, 음량, 음률이라는 다섯 가지 요소가 있는데요. 음조는 말의 어미 처리나 높낮이, 음속은 말하는 속도, 음색은 개인이 가진 특유의 목소리 컬러, 음량은 성량, 음률은 말하는 전체적인 리듬감을 말합니다. 지금 가장 도드라지는 부분은 말의 속도가 빠르고, 음조가 건

조하다는 것이죠. 그러다 보니 당연히 말에 리듬감이 없어지는 것이고요. 거기에 어미 처리, 즉 말하면서 말끝을 뚝뚝 짧게 끊어버리니 차갑게 느껴지는 것입니다.

우선, 본인이 스피치 한다는 생각을 내려놔 보세요. 말 잘해야 하고 격식을 갖춰서 말해야 한다는 느낌을 잊어버리세요. 나와 가장 친한 친구들이나 편안한 사람들과 이야기한다고 생각하세요. 그리고 한 손의 손바닥을 하늘로 향하게 해서 앞으로 내놓고 있다가 말하는 중간 중간 제가 손바닥에 살짝 손을 얹으면 그땐 멈추고 쉬는 신호다 생각하고 말을 잠시 쉬는 겁니다. 그렇게 말에 쉼표를 만들어 보시죠. 이게 익숙해지면 안정적인 속도를 가지게 되어 훨씬 편하고 자연스러울 겁니다."

원래의 습관으로 쉬는 게 조금 어색하긴 했지만, 서서히 수업에 적극적인 마음을 비치며 조금씩 좋아지는 것을 느낄 수 있었다.

하지만 겉으로 쉬었다 멈췄다 하는 이런 이론적이고 형태적인 수업 이외에 뭔가 더 근본적인 안내가 필요함을 느꼈다. 분명 빠르고 급하고 차가운 데는 심리적인 이유가 있다고 느꼈기 때문이다. 그래서 한 가지를 더 코칭했다.

"손에 들고 있는 원고를 내려놓고, 이곳을 조용하게 천천히 한 번 걸어 보시겠어요? 산책한다 생각하시고, 본인이 할 수 있는 한 가장 여유롭고, 천천히 한 걸음 한 걸음 걸어보세요. 어려운 것이 아니니

한 번 시작해 보시길 바랍니다."

하지만 그녀는 천천히 여유롭게 걷는 것을 어려워했다. 한 걸음 한 걸음 잘 걷는다는 것이 누군가에게는 매우 쉬운 일이지만, 익숙지 않은 사람에겐 매우 어렵고 힘든 일이다. 뒤뚱뒤뚱하거나 엉거주춤하며 균형을 잃기도 한다.

그렇게 한 십여 분 간의 천천히 걷다가 생각지도 못한 상황이 발생했다. 한참을 그렇게 시도하던 그녀의 눈가가 촉촉해진 것이다. 잠시 정적이 흘렀다. 그리고 그녀는 조심스레 이야기를 꺼냈다.

"왜 여유롭게 천천히 안 걸어질까 헤매다가 생각했어요. 20년 전에 대학을 졸업하고 바로 입사했어요. 회사라는 조직이 위에서는 압박하고 유능한 후배들은 올라오고…. 좋은 일도 있었지만 별의별 모진 시간들을 버티면서 지금까지 왔어요. 근데 그동안 못 챙긴 게 참 많다는 생각이 드네요. 내가 일한다고 가족, 특히 아이들도 제대로 못 챙겼어요. 그런데 지금 이 순간 가장 못 챙겨 준 사람은 바로 제 자신이란 생각이 드네요. 좀 서글프기도 하고 억울한 것도 있고… 감정이 복잡하네요."

"솔직하게 진심을 얘기해 주셔서 감사합니다. 지금 말씀하실 때는 목소리가 빠르지도, 날카롭지도 않네요. 이게 본인다운 진짜 목소리이고 가장 좋은 스피치의 기본이 되는 겁니다. 뭔가를 지키기 위해서 혹은 불안해서 나오는 목소리와 포장된 스피치를 하면 다른 사람도 듣기 싫지만 사실 스스로가 힘들잖아요. 나를 지키기 위해 무거운 갑옷을 걸치거나 연기를 하며 사는데 그 목소리와 표정, 눈빛이 유연하고 건강할 리가 있겠습니까? 재미도 없고 말이죠."

한 달의 시간이 지난 후 다시 만난 자리에서, 그녀는 회사에서의 브리핑도 좋은 성과를 냈고, 평상시 대화도 훨씬 편해지고 부드러워졌다는 이야기를 들었다고 한다.

목소리와 스피치가 좋아지기 위해서는 분명 호흡, 발성, 발음, 시선, 제스처, 내용 구성, 정리 등의 실질적이고 기능적인 요소들도 필요하다. 하지만 그런 부분만을 코칭했다면 이 분에게 과연 변화가 있었을까? 사람마다 목적과 필요 부분이 다르겠지만, 스스로 자신의 진짜 마음과 만나고 그 마음을 이야기할 때, 자신의 진짜 목소리와 스피치는 변화하는 것이다.

 **Summary**

말하기가 빠르고 여유가 없다면 내 일상과 삶에 여유가 없는 것일지도 모른다. 앞으로 나가고 바쁘게 성과를 내야 하는 마음을 차분히 하고, 내 진짜 마음을 돌아보며 이야기할 때 편안하고 진솔한 목소리, 나답고 따뜻한 목소리가 시작된다.

## 말 과소비는
## 텅 빈 마음 탓이다

한 남자가 러닝머신 위에서 걷고 있다. 발목 뒤로 운동화 20켤레 이상이 주렁주렁 달려 있다. 요가매트를 여러 개 메고 지나가는 여성이 그 신발을 쳐다보자 그는 만족스러운 미소를 짓는다. 또 다른 남성과 여성이 길을 걸어간다. 팔과 다리에 가방 수십 개를 끼우고 거리를 걷는다. 한 남성은 모자 열댓 개를 겹쳐서 쓰고 있다.

지금까지의 장면들은 2024년 온라인 중고거래 사이트인 '빈티드'에서 제작한 과소비 풍자 광고 영상에 나온 것들이다. 필요한 것, 어울리는 것보다는 그저 물건 구매 자체에 집착하고 과소비하는 행태를 풍자하기 위해 만든 영상이다.

심리학자들에 따르면 '쇼핑 중독', 즉 이미 있는 물건이나 필요도를 고려하기보다 물건 자체에 집착해서 계속 구매하게 되는 이유가 외로움과 관심에 대한 목마름 때문이라고 한다. 특별한 재미나 의미 없이 일상이 반복되거나, 마음의 교감이 없는 상태가 지속되면 사람은 뭔가 더 흥미롭고 자극적인 활동을 탐색하게 마련이다. 쇼핑은 새로운 물건에 반응하고, 그 물건을 착용했을 때 다른 사람의 시선을 상상하며, 구입하여 쇼핑백에 담아 집으로 오는 과정 자체가 하나의 '일상 퍼포먼스'다. 특히나 요즘은 스마트폰으로 다양한 쇼핑 사이트, 혹은 홈쇼핑에서 물건을 손쉽게 구입하고 반품까지 할 수 있다.

정말 필요하거나 내 취향과 목적에 맞는 물건이라면 소비하는 자유에 대해 간섭하고 싶지는 않다. 그러나 도파민에 중독되어 그저 물건을 구입했다가 금세 싫증 나서 또 비슷한 물건을 사는 소비 패턴을 반복한다면, 일반적 소비가 아닌 외로움과 관심 부족을 채우려는 마음의 허망한 몸부림일 수 있다.

말하기도 마찬가지다. 가끔 친구를 만나 이런저런 맥락 없는 수다를 떨고 맛있는 음식을 먹는 것은 삶의 일상적 재미 중 하나다. 다만 그 횟수가 너무 많거나 누군가와 계속 말하고 싶고, 너무 말을 많이 한다면 쇼핑 중독처럼 '말하기 중독'일 수 있다. 인간이 속마음을 거침없이 말하고 교제할 때 느끼는 쾌감과 뇌하수체의 반응은 만족스러운 이성교제를 할 때와 유사하다고 한다. 필요할 때 적재적소에,

정갈하게, 반복하지 않는 현명한 말하기가 아닌 말하기 자체에 너무 집착한다면 대화가 아닌 말 홍수로 외로움을 풀고 싶은 것이다.

말을 잘 한다는 것은 말을 자주, 길게 하는 것이 아니다. 필요할 때 핵심을 명확하게, 상대가 받아들일 수 있을 만큼 적당히 말하는 것이다. 이미 먹을 만큼 먹었는데 누가 계속 음식을 내놓거나, 원하지도 않는 음식을 계속 먹어야 하는 입장은 너무 힘들다. 마찬가지로 지나친 수다로 마음의 허기짐을 풀다 보면 나와 가까운 사람, 특히 내 말을 계속 들어 주는 사람이 힘들어진다. 그 사람은 친구, 아내, 남편, 자녀, 직장 후배가 될 수도 있다.

우리의 에너지와 시간은 매우 소중하다. 적당한 수다와 이런저런 말하기의 재미를 누리는 것은 때때로 필요하지만, 현명한 소비자인 '스마트 컨슈머'처럼 우리도 현명한 '스마트 스피커'가 되어 보는 것은 어떨까.

 **Summary**

말을 너무 안 하는 것도 문제지만, 이 말 저 말 너무 많이 하는 것도 문제다. 말에는 당신의 에너지가 들어간다. 마음의 허기를 채우려는 무분별한 말하기를 줄이면, 그 귀한 에너지를 더 필요한 곳에 사용할 수 있다.

# 삶의 무대에 당당히 서려면 타이즈를 입어라

스무 살이 되던 해, 예술대학에 입학하고 첫 연기 수업이 있던 날이었다. 함께 수업을 듣는 20명 남짓한 동기들은 각자의 끼와 뜨거움을 가진 배우 지망생들이었다. 교수님이 도착하기 전 편안한 옷으로 수업을 준비했다.

당시 여자 분이셨던 교수님은 175cm가 넘는 키에 짧은 머리로 뭔가 당당하고 시크하게 등장했다. 교수님이 도착하시고 우리는 타원형으로 둘러앉아 교수님이 있는 쪽을 바라봤다. 실습 중심의 연기 수업이었기에 책상과 의자 없이 그저 편안한 연습실이었다. 다들 초롱초롱한 눈빛으로 교수님을 바라보는데 교수님은 카리스마 그 자체였다.

수업을 시작하고 교수님은 자연스럽게 자신을 소개하면서 가방에서 담배 한 개비를 꺼내 피웠다. 다시 이야기는 이어졌고, 이번엔 맥주 한 캔을 마시며 이야기를 이어 나갔다. 매우 자연스럽고 묘하게 어울리는 느낌으로 말이다. 그 당시 예술대학이기에 가능했던 특수성이자 매력이기도 했다. 그렇게 교수님의 소개와 앞으로의 수업 진행에 대한 이야기를 마무리할 때쯤 교수님은 하나의 과제를 던졌다.

"다음 수업에는 다들 타이즈를 좀 입고 왔으면 해."

이유를 물어볼 새도 없이 교수님은 마무리를 하고 나가셨다. 아무리 연기 수업이라고 해도 이해하기에는 조금 의아한 상황이었다.

하나의 의상으로 퍼포먼스를 하려 하시나? 아니면 가지각색의 옷이 보기 싫으셨나? 그렇게 고민하다 위아래 타이즈를 구입했다. 바지 위에는 덧치마나 덧바지 같은 걸 입을 수 있었다. 하지만 딱 달라붙는 타이즈를 입는 순간 현실을 자각했고 적응이 안됐다.

그렇게 한 주가 지나고 돌아온 수업 시간. 연습실에 도착해서 타이즈로 갈아 입었고, 다른 동기들도 하나둘 수업 준비를 했다. 당당하게 입는 동기들도 있었고, 입긴 했지만 아직은 그 위에 점퍼나 다른 옷을 걸친 동기들도 보였다. 지난 시간과 비슷한 의상을 입은 동기들도 있었다. 아예 안 올 것 같은 동기도 서너 명 정도 있었다. 수업 시간이 되고, 교수님이 도착했다.

"지난주 과제를 한 사람도 있고, 아닌 사람도 있네. 우선 다들 일어나 보자. 그리고 창가 쪽에 있는 사람부터 한 사람씩 집중해서 바라보는 거야. 순서는 내가 지목할 테니까 편하게 한 사람씩 20초씩만 바라보는 거지. 오래볼 건 없고 그냥 그 정도만 보면 되는 거야."

그렇게 한 사람, 한 사람씩 바라보며 조금 민망해 한 친구들도 있었지만, 간간이 웃음도 나고 미소도 지어졌다.

"이제는 거울 한번 보자."

연습실에 마련된 전신 거울 앞으로 다가간 우리는 각자 자신의 모습을 바라봤다. 다가갈수록 멀어지고 싶은 마음, 타이즈 의상은 누군가에게는 별일 아니었지만 나를 비롯한 몇몇에게는 꽤 큰일이었다. 세상에서 가장 긴 30분이 지나고 다시 자리에 모였다. 그리고 던져진 질문.

"어땠어?"

"사실 저는 처음부터 별로 민망하거나 부끄럽지 않았습니다. 예전에도 입어본 적 있었고 오히려 편하거든요."

"저는 사실 민망하고 싫었어요. 사실 오늘 수업을 올까말까 고민했을 정도로요. 오늘 안 온 친구들이 좀 이해가 될 정도로 말이죠."

"전… 다른 것보다 왜 이걸 입으라고 하셨을까에 대한 생각 때문에 다른 생각을 못했어요. '뭔가 뜻이 있고 이유가 있으시겠지. 그게 뭘까?' 하는 생각이요."

이어서 교수님이 이야기하셨다.

"우선 다행이다, 절반 이상이 수업에 나왔으니. 이전에 수업을 하면 어떨 땐 절반 이상이 수업에 안 온 적도 있어. 사람들이 바라보는 무대 위에서 배우가 되겠다는 너희들의 첫 시간 의상은 대부분 트레이닝복이었어. 그 옷으로 무엇을 그렇게 가리고 보여 주기 싫은지, 자유롭지도 자연스럽지도 않아 보였어. 나의 몸을 보고 바로 세우고 또 비뚤어진 곳이 어디인지 알고 다시 바라보고 서로 이야기도 하다 보면 무대 위에서 바른 자세와 당당한 시작을 할 수 있지 않을까?"

20년이 다 되어 가는 일이지만, 나 역시 강사로 활동하며 사람들에게 스피치를 가르치다 보니 문득 그날의 첫 수업이 떠올랐다.

우리 몸뿐만 아니라 마음에도 분명 가리고 보여 주기 싫은 부분들이 있다. 그런 것들의 골이 깊거나 정도가 심할수록 사람들 앞에서 당당하고 자유롭게 서기 어려워진다. 자신만의 콤플렉스, 열등감으로 스피치 무대뿐만 아니라 삶의 무대에서도 당당하지 못한 사람들을 많이 봤다.

물론 사람마다의 상처나 열등감의 크기도, 깊이도 다르기에 타인인 내가 함부로 언급하긴 어렵다. 하지만 중요한 것은 가리려고 하거나 들킬 것 같아 조마조마하게 살수록 주눅이 들고 표정과 목소리에 불필요한 힘이 들어가 결국 그 사람만의 매력과 존재감이 보이지 않는다는 것이다.

스피치 무대에서도 마음의 타이즈를 당당히 입고 자신의 결핍을 마주하며 에너지로 만들어야 한다.

    비쭉거리듯 입었던 20년 전 첫 타이즈, 이제는 마음의 타이즈를 입고 나답게 당당히 무대에 서자.

**Summary**

눈치 보는 게 많고, 감추는 것이 많을수록 집중 받는 것이 싫고 두려워진다. 그것은 결국 나의 표정을 굳게 하며 소극적인 나를 만들기도 한다. 조심스레 자신과 마주하고 당당해질 때, 마음의 타이즈를 입고 거울을 마주할 때, 비로소 가장 '나'답고 당당한 '나'를 만날 수 있을 것이다.

## 시선 처리는 스킬이 아니다

 연극과 스피치의 공통점은 많지만 다른 한 가지가 있다. 연극 공연을 할 때는 배역에 집중하고 그 장면 속 인물의 시선을 가지고 연기한다. 예를 들어 〈춘향전〉의 이몽룡이 춘향이를 발견하는 장면에서 이몽룡은 춘향이를 바라보거나 무대의 정면 어딘가를 보면 된다. 〈로미오와 줄리엣〉에서 로미오는 줄리엣을 바라보고 객석을 바라볼 때 굳이 관객과 눈을 마주치지 않아도 된다. 그렇게 극중 인물로서 시선 처리를 하면 되는 것이다.
 그러나 스피치는 다르다. 스피치는 듣는 사람을 바라볼 줄 알아야 한다. 그리고 그 눈길에 나의 마음을 담아 이야기할 줄 알아야 한다. 단순히 '아이컨택'이라 불리는 시선의 기술을 넘어 듣는 사람들

(청중)과 교감할 줄 알아야 한다.

스피치에서 가장 중요한 것은 목소리와 말이다. 그러나 말을 할 때 가장 주목받는 곳은 얼굴이며 얼굴 중에서도 마음가짐이나 감정을 가장 많이 담는 곳이 눈이다. 시선은 내 마음을 전하는 통로와 같다. 그런데 간혹 시선 처리가 어려운 사람들이 있다. 사람들을 정면으로 바라보고 대면하는 게 어렵다면 스피치에서 상당한 어려움을 겪는다.

수업에 찾아온 20대 초반의 남성이 있었다. 겉으로 봐선 '무슨 문제가 있을까?' 싶을 정도로 평범해 보였는데, 발표를 할 때마다 하늘을 본다든지 땅을 본다든지 하며 시선이 한 곳에 안착하지 못하고 불안했다.

단순히 본인의 시선을 어떻게 사용하는지 모르는 사람이라면 현장에서 코칭을 받고, 비교적 빠른 시간 안에 좋아질 수 있다. 그냥 청중들을 보면 되는 것이다. 시선을 소외된 곳 없이 골고루 나눠주는 것이 좋은 시선의 시작이다.

여기서 이야기하고 싶은 것은 시선 '처리'가 아닌 시선 '나눔'으로 인식해야 한다는 것이다. 일반적으로 10~20명 전후의 인원이라면 이야기하면서 되도록 골고루 시선을 나눠 주는 것이 좋다. 소그룹에서는 그런 시선 나눔 하나가 청중들의 유대감이나 집중력 향상에 영향을 끼치기 때문이다. 인원이 많아지면 한 사람 한 사람 다 시선을 마주칠 수 없으니 앞쪽이나 중간쯤에 보이는 사람을 바라보되 전체 구획을 나눠서 구역별로 바라보는 것이 좋다.

다만 일반적 코칭으로 시선이 개선되지 않는다면 다른 접근을 해 봐야 한다. 앞서 이야기한 20대 남성의 경우가 그랬다. 스피치 발표 이전에 앞에 나가서 사람들의 눈을 3~5초간 바라보는 연습을 했다.

상상해 보라. 바라보는 사람들의 눈을 그저 바라보는 것. 누군가에겐 별것 아닐 수 있지만 누군가에겐 상당히 별것이다. 그는 계속해서 사람들의 눈을 바라보는 것을 어려워했다. 1~2초간 있다가 머쓱한 미소를 지으며 피해버리는 것이었다.

"사람들의 눈을 3초 이상 바라보는 게 어려우신 거죠? 혹시 사람들 눈을 바라보고 있으면 어떤 느낌이 드세요?"

"글쎄요. 어색하고 뭔가 뻘쭘하다고 해야 할까요? 쉽지 않네요."

"혹시 언제부터 그랬나요?"

"사실 친한 친구들이나 편한 사람들이랑 이야기할 때는 그래도 좀 괜찮은데, 잘 모르거나 친하지 않은 사람들이 무표정으로 저를 빤히 바라보고 있으면, 뭐랄까… 제가 평가받는 기분이 들고 심지어 뭔가 잘못하고 있다는 생각마저 드는 것 같아요."

"네, 그럴 수 있죠. 많이 힘드셨을 거라는 생각이 드네요. 그럼 지금 수업을 함께 듣고 있는 분들에게 실제로 한번 여쭤 보죠. 이야기를 들으며 시선이 마주쳤을 때 어떤 생각이 들었는지 말이죠."

그리고 다른 수강생들의 이야기가 이어졌다.

"글쎄요. 전 별 생각 없이 잘 듣고 있었는데요."

"솔직히 말씀드려도 되나요? 저 분 얘기하고 있을 때 수업 끝나고 뭐 먹을까 생각하고 있었어요."

"눈을 좀 바라봐 줬으면 좋겠다. 그냥 그런 생각하고 있었어요."

듣는 사람들은 대부분 특별한 생각을 하지 않는다. 그들은 나를 공격할 마음도 없고 평가할 마음도 없다. 그냥 듣고 있다. 정말 그저 듣기만 한다. 그래서 이번에는 사람들을 바라볼 때 그냥 눈만 보지 말고 속으로 '반갑습니다~'라고 속마음으로 인사하며 바라보는 연습을 했다. 이때 듣는 사람도 눈과 표정으로 그 인사가 느껴지면 다시 속으로 '네, 반갑습니다~' 하고 밝은 눈빛을 건네 보는 것이다.

처음엔 어색할 수 있다. 한 사람 한 사람 그렇게 시선을 바라보고 나눠도 별 문제 없다는 마음이 중요하다. 이를 반복하고 스피치에 적용하면 시선으로부터 조금씩 자유로워질 수 있다.

그의 경우 지방에서 올라와 자취 생활을 하며 마음대로 풀리지 않는 취업과 꿈, 대학을 가지 못했다는 열등감이 자신감을 떨어뜨렸다. 그런 마음을 간직한 채 스스로를 개발하려 스피치 수업에 참여했지만, 뭔지 모를 어색함과 열등감, 주눅이 든 마음이 사람들을 바라보는 데 작용했다는 것이다.

시선이 당당해지려면 스스로 떳떳해야 한다. 내가 잘나서 완벽해서 떳떳한 것이 아니다. 모자란 건 모자란 대로, 아팠던 건 아팠던 대로 인정하고 말하며 있는 그대로 떳떳해지는 것이다.

자칫 엄했던 아버지나 어머니, 억압된 유년 생활이 남의 시선을 오해하게 만들 수는 있다. 하지만 분명한 것은 무대를 바라보는 사람들은 대부분 호의적이거나 별 생각이 없다는 것이다. 그러니 지금을 살아가는 사람들에 대한 따뜻한 마음을 가지자. 그들도 나 못지않은 고민과 아픔, 갈등이 있을지 모른다. 함께 어울리고 또 나누는 것, 그것이 바로 스피치이고 시선의 출발점이다.

 **Summary**

내가 가진 생각과 마음에 확신을 가지고 사람들과 눈빛으로 이야기를 나눈다고 생각하며 한 사람당 1~2초씩 가벼운 미소와 함께 눈빛을 나누자. 소외된 곳이 없도록 골고루 눈빛을 나누자. 일상에서도 주변 이웃이나 승강기에서 만나는 사람들에게 잠시라도 눈을 보며 인사하는 연습을 해 보자. 그 마음과 연습들이 모여 나의 스피치 시선에도 긍정적인 힘과 좋은 느낌을 더해 줄 것이다.

# 세상을 다르게 볼 때
# 대화법도 달라진다

운전 중이었다. 우회전 하려는데 갑자기 오토바이 한 대가 지나가서 급브레이크를 밟았다. 너무 놀라서 입에서 좋은 말이 안 나왔다. 그뿐만 아니라 한번은 인도를 걷고 있는데 떡 하니 오토바이가 올라와 있다. 그냥 지나가면 되지만 한두 번이 아니니 너무 불편하고 짜증이 난다. 코로나 이후 많이 늘어난 배달 기사 분들의 오토바이였다. 운전하거나 거리를 걸으면서 이런 오토바이들을 보다 보면 '참 운전 이상하게 하네', '경찰은 뭐하는 거야? 단속 안 하고', '서로 위험하고 불쾌하잖아' 등 험한 말도 나오는 게 사실이다.

그러다 한 뉴스 기사를 읽게 됐다. 배달 서비스 기사 분이 올린 온라인 글이 소개되어 있었다.

"오늘도 정신없이 배달 일을 하는데, 한 아파트 현관문에 음식을 걸어 두고 가려다 보니 작은 봉지 하나가 걸려 있었네요. 그 봉지에는 비타민 음료와 소시지, 초콜릿과 쪽지가 들어 있었고, 쪽지에는 '추운 날씨에 배달해 주셔서 감사합니다. 안전 운전하시고, 혹시 또 오실 일 있으면 조금 늦어도 괜찮으니 안전하게 오세요'라고 적혀 있었습니다."

그 글을 올린 기사는 초등학생 아이 둘을 키우는 가장이자 학원 원장이었는데, 코로나로 학원 운영이 어려워져 저녁에 부업으로 배달 일을 하고 있었다. 직업에 귀천은 없지만, 현실적으로 학원 원장으로 불리던 사람이 갑자기 배달 일을 하게 되었을 때의 심정은 일부 쉽지 않았을 것이다. 사람들이 가끔 불편해하거나 불쾌해하는 시선도 충분히 느꼈다고 한다. 모두 핑계와 변명에 불과하지만, 건당 수수료가 수입원인지라 빠르게 움직이며 예의 없고 매너 없이 주행한 것도 인정한다고 했다. 기사는 눈물이 났고, 바쁘더라도 조금이나마 더 사람들에게 피해 주지 않도록 노력할 것을 마음먹으며 기쁜 마음으로 다음 날도 출근했다고 한다.

현실적으로 불편이나 피해를 주는 일은 그 어떤 말로도 정당화될 수 없지만, 우리의 말은 세상과 사람을 바라보는 방식에서 비롯된다. 알량한 말기술 몇 개를 배워 그럴듯하게 구사하기보다, 본질적으로 내 마음의 공간에 따뜻함이 생길 때 누군가를 너그럽게 이해할 수 있고 너그럽게 말할 수 있다.

미국의 명사 스티븐 코비 교수가 한번은 지하철을 기다리고 있었다. 어린 꼬마 아이 둘이 장난치며 뛰어다니는 모습이 보였다. 아이들은 뭐가 그리 좋은지 웃으며 계속 시끄럽게 장난을 쳤다. 그 모습을 바라보던 코비와 주변 사람 모두 인상을 찌푸렸다. 뒤쪽을 보니 아이들 아빠로 보이는 사람이 아이들을 조용히 시킬 생각은 전혀 없어 보이는 모습으로 되레 눈을 감고 있었다. 참다 못한 코비가 다가가 그 사람에게 핀잔을 주었다. 그러자 그 사람이 감고 있던 눈을 지그시 뜨고 무슨 일인지 물었고, 코비는 "무슨 일이냐고요? 아이들이 저렇게 떠드는데 조용히 좀 시키셔야죠?"라고 했다. 아빠는 그제서야 현실을 인지한 듯이 말했다.

"아, 죄송합니다. 그렇게 하겠습니다. 방금 병원에서 나오는 길인데. 아이들 엄마가 수술이 끝나고 방금 전 하늘나라로 갔습니다. 앞으로 뭘 어떻게 해야 할지 몰라서 잠시 정신이 나가 있었네요."

상황을 바라보는 패러다임, 상황을 해석하는 시각은 불과 일 분 전과 완전히 달라졌다. 코비는 물론 주변 사람들 모두 머쓱해졌고, 오히려 그는 아이들 아빠를 한번 안아 주었다.

대부분은 각자 자신의 역할에 충실하기 위해 나름의 서글픔과 아픔을 딛고 최선을 다하며 살아간다. 하지만 요즘 같은 세상에는 삶도 팍팍하고 서로 여유가 없다 보니, 너그러움이 그저 사전에나 나오는 고리타분하고 현실감 없는 단어가 되어 버린 것은 아닐까?

 목소리와 말은 마음에서 시작되고, 마음은 세상과 사람을 바라보는 패러다임에서 시작된다. 그 패러다임을 바꿀 때, 나의 목소리와 대화법도 바뀔 수 있다.

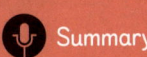 **Summary**

세상에는 감동적인 일, 좋은 사람들도 꽤 많다. 삐딱한 마음의 자세가 삐딱한 목소리와 표정, 말하기를 만든다. 세상과 사람을 바라보는 시선을 바꿀 때, 나의 목소리도 바뀐다.

# 그치? 어때? 라는 말은 스피치의 힘을 뺏어 간다

일곱 살 아이가 있다. 이 아이는 유치원에서 있었던 일에 대해 엄마에게 말하기 시작한다.

"엄마, 유치원에서 시은이랑 같이 밥 먹었는데 시은이가 내꺼 뺏어 먹어서 내가 그렇게 하지 말라고 말해 줬어. 나 잘했지, 그치?"

초등학교 5학년 한 아이는 본인이 새로 산 운동화를 친구에게 보여 주며 얘기한다.

"운동화 새로 산 건데 멋지지, 그치? 봐 봐. 어때?"

30대의 청년은 요즘 선풍적 인기를 끌고 있는 유튜버를 꿈꾼다. 그리고 본인이 녹화한 영상을 한 친구에게 보여 준다.

"나 최근에 찍은 영상인데 어때? 나름 괜찮지? 그치?"

무엇을 얘기하려는지 대략 눈치챘을 것이다. 일을 하고, 삶을 살아가다 보면 가끔 다른 사람의 의견이나 조언이 필요하다. 그것은 크고 작은 도움이자 영향을 끼치는 중요한 부분이다. 그러나 일상의 대화에서 '그치?', '어때?'라는 확인을 필요로 하는 말하기가 반복된다면, 스스로 확신하지 못하고 확인 받으려고 하는 자신감 없는 사람으로 비춰질 수 있다.

스피치는 자신의 생각과 의견, 경험, 정보를 바탕으로 내 안의 무엇을 상대방이나 청중에게 전달하는 것이다. 비록 힘 있는 스피치와 목소리라고 하더라도 눈치 보고 확인 받으려는 욕구가 깔려 있다면 스피치의 힘은 매우 연약한 상태라고 할 수 있다.

건강하게 의견을 구하고 나누는 '그치?', '어때?'는 꼭 필요하다. 다만 이것의 반복은 근본적으로 자기 존재나 노력에 대한 의심, 남에게 지적 받을까 조마조마한 두려움, '별로라고 하면 어떡하지?'라는 걱정과 불안으로 자존감이 결여된 상태이다.

변화를 위해서는 그런 표현의 이유를 알아야 한다. 왜 스스로 확신하지 못하고 누군가의 반응에 심각하게 반응하고 연연하며 때론 노심초사하게 되는지 말이다. 그것은 인정 받고 싶은 마음과 성과를 내고 싶은 욕심이 앞서기 때문이다.

40대 중반의 한 여성은 상당한 스트레스를 받고 있었다. 30대 후반부터 강의를 시작했는데 강의 후 받는 강사 평가지부터 강의 중

뒤에서 듣고 있는 회사 교육 담당자들, 청중들의 시선이 부담스럽고 적응이 되지 않는다는 것이다. 때론 좋은 결과에 만족하고 기뻐하지만, 근본적으로 불안한 마음이 바뀌지 않아 사람을 상대하지 않는 다른 직업으로 바꿔야 할지를 심각하게 고민 중이었다. 아니나 다를까 그녀는 대화를 하면서도 계속 말했다.

"선생님이 생각할 때는 어때요? 저 심각하죠? 그죠?"

"선생님도 강사 초반에 그런 적 있었어요? 선생님 같은 분은 그런 고민 안 하시죠?"

남몰래 하는 고민이 스스로를 참 힘들게 했을 것이다. 나에게도 그런 고민이 있었고 겪었던 부분이라 충분히 이해가 되었다.

그녀는 삼 남매 중 둘째로 태어났는데, 위로는 언니, 밑으로는 남동생이 있었다 한다. 부모님, 특히 어머니가 유독 첫째 언니를 챙겼고 첫째 언니는 명문대에 들어갔다. 자신에게 혼을 많이 냈던 아버지는 막내 남동생만을 챙겼다. 남동생에겐 부드러운 아버지가 원망스럽기까지 했다. 어떻게 해서든 인정받고 싶어 미친 듯 노력했지만, 50대를 바라보는 지금까지도 부모님은 변하지 않았다. 당신 스스로의 오기는 커지고 성격은 예민해졌다. 그 안에 인정받고 사랑받고 싶은 마음들이 왜곡되어 늘 확인 받으려는 말을 사용하게 되었다. 스스로에 대한 의심과 자존감, 자신감 결여가 결국 원인이 된 것이다.

따라서 스스로를 믿는 연습이 필요하다. 자꾸 나의 모자람, 단점, 개선점을 파악해 내는 성향과 대단하고 훌륭한 것을 내 앞에 두고 옳고 그름, 맞고 틀림, 잘나고 못남을 판단하며 '나는 잘나지 않았어', '나는 아직도 멀었어', '나는 분명 잘못된 게 있을 거야'라고 생각하는 의식의 방식을 개선해야 한다. 말처럼 쉽지는 않겠지만, 연습은 우리를 변화하게 만든다.

여기 책 한 권이 있고 책상 하나가 있다. 책상이 큰가? 당연히 책상이 클 것이다. 그럼 다시, 책이 큰가? 볼펜이 큰가? 보통은 책이 클 것이다. 그럼 책 하나만 들고 물어본다. 이 책은 큰가 작은가? 크기를 말하려면 일정한 기준이나 비교 대상을 두고 말해야 하는데 책 자체만 두고 봤을 때는 크지도 작지도 않고 그저 책일 뿐이다.

그녀는 항상 언니와 동생이라는 비교 평가의 대상이 있었기에 자신의 존재나 생각을 스스로 받아들이지 못하고 있었던 것이다. 나는 크지도 않고 작지도 않다. 그저 나일 뿐이다. 거기서부터 '그치?' '어때?'처럼 불필요하게 확인하는 습관이 개선되기 시작한다.

가치라는 것은 사람이 느끼는 것에 따라 달라질 수 있다. 힘들게 받은 용돈 오백 원, 땀 흘려 번 만 원 한 장의 가치를 어찌 금액으로 논할 수 있겠는가? 보편적 기준과 잘잘못의 프레임을 세워놓으면 자신의 생각과 삶에 늘 자신이 없다. 그런 사람이 일정한 기준 안에 들어가면 자만할 확률이 높다.

중요한 것은 자신이 세운 계획이나 노력에 스스로 떳떳해지는 것이다. 실제로 공부나 실천이 모자라거나 성실히 행하지 않았다면, 이건 마음의 문제를 넘어 스스로 확신하지 못하는 명확한 이유가 된다. 스스로와 한 약속이더라도 떳떳하게 땀 흘린 사람은 눈치 볼 이유가 없다.

내 노력에 대한 확신이 있다면 선의의 고집도 부려보자. 고집이 소통에 방해가 된다고들 말하지만, 그것이 정당한 소신이라면 자신 있게 주장할 필요가 있다. 거기서 발생하는 문제도 몸소 겪어 보자. 매번 날 싫어할까 봐, 기회를 잃어버릴까 봐 염려만 하지 말고, 마음의 힘을 가지고 받아들이자. 그런 배짱과 확신이 당신 목소리의 힘을 강하게 할 것이다.

 **Summary**

자꾸 확인 받고 물어보려 하는 이유를 생각해 보자. 사람들의 의견에 동조하며 기뻐했다가 낙심하는 것이 반복된다면 건강한 자존감이 결여된 상태일 것이다. 비교 평가하는 습관부터 떨치고, 스스로 확신할 만큼 실천과 실행에 노력을 다하며 '그치?', '어때?' 등의 확인형 말투를 삼가하는 노력도 해 보자.

## 마음에도
## 동파 방지가 필요하다

오늘 낮 기온은 영하 10.5도였다. 아침 저녁으로는 5도 이상 더 떨어져 대충 껴입고 나갔다가는 차가운 칼바람이 작은 옷틈 사이사이로 들어와 온몸이 떨린다. 이렇게 추울 때마다 신경 써야 할 게 바로 '동파 방지'다. 동파는 '얼어서 깨진다'는 뜻으로 보통 겨울철에 수도관이나 물탱크 등이 얼어서 터지는 것을 말한다.

몇 년 전 외출했다 집에 들어와 보니, 거실 천장 벽지가 다 뜯겨 밑으로 축 처져 있고 바닥이 물로 가득했던 기억이 있다. 그때는 '이게 무슨 일이지?', '공사에 하자가 있나?' 정도로 생각했지만, 나중에야 극심한 한파로 수도관이 터진 게 그 이유임을 알게 됐다.

동파 방지를 위한 몇 가지 대표적인 방법이 있다. 우선 수도관이나 수도계량기를 헌 옷이나 담요, 열풍기 같은 것으로 감싸 두는 것이다. 또는 가장 많이들 아는 것처럼 물을 완전히 잠그지 말고 아주 조금은 흐르게 유지해 주는 방법도 있다.

수도관이나 수도계량기를 따뜻하게 해 주는 것은 온도를 조금이라도 높여 물이 얼지 않게 해 주며, 조금씩 소량의 물이 흐르게 하는 것은 물이 한자리에서 얼지 않게 해 준다. 통계상으로는 최저 기온 0도에서 영하 10도 사이일 때 45초 안에 종이컵 안에 물이 가득 찰 정도로 틀어 놓으면 되고, 영하 10도에서 영하 15도 사이라면 33초 안에 종이컵이 찰 만한 속도로 틀어 놓으면 동파 방지에 가장 효과적이라고 한다. 거기에 찬물보다는 온수나 미온수를 틀어 놓으면 효과가 훨씬 좋다고 한다.

우리의 마음에도 동파 방지가 필요하다. 사람에게 상처 받는 등 각자만의 다양한 이유로 크고 작게 마음과 삶이 얼어붙는 시기가 있다. 특히나 겨울에는 강한 한파와 함께 마음도 얼어붙어 혼자 있고 싶고 아무 말도 하기 싫을 때도 있다. 그럴 땐 한동안 그저 그렇게 있는 것도 좋다. 그 무엇도 하기 싫은데, 뭔가를 권하거나 강요하는 것도 그다지 좋지 않다고 생각한다.

다만 마음이 계속 겨울에만 머문다면, 나중엔 더 깊은 무거움과 어두움 속에 잠기거나 결국 동파되는 수도관처럼 터져 버릴지도 모른다. 그것은 정말 위험하고 아픈 일이다. 따라서 한동안 나만의 시간을 가지다가 마음의 동파 방지를 위해 천천히 움직여 보는 것도 필요하다.

먼저, 동파 방지를 위해 물을 조금씩 틀어 놓는 데 힌트가 있다. 내 마음의 상태를 한 번에 많이 말하거나 감정을 모두 쏟아 내기보다, 이야기를 들어 줄 만한 사람에게 조금씩, 작게 마음을 이야기해 보는 것이다. 종교를 가진 사람은 종교 지도자에게, 마음을 나눌 수 있는 친구가 있다면 그 친구에게, 혹은 가족에게 마음을 흘려 보자.

말할 대상이 없다는 생각이 든다면 정신의학과나 전문 심리상담사를 찾아보는 것도 추천한다. 불과 십여 년 전만 해도 정신과 상담이나 마음 상담은 매우 필요한 분야임에도 왠지 몰래몰래 가는 분위기였지만, 지금은 다르다. 이제 대부분의 사람들이 마음으로나 정신적으로 결코 쉽지 않은 시기를 살아가고 있음을 알게 되었고, 때에 따라 상담이 필요함을 인지하게 된 것이다.

나 역시 그런 시기를 만났다. 코로나 시기는 직업을 바꾸는 막막함에 더해 캄캄하고 끝없는 터널을 지나는 것 같은 느낌이었다. 여덟 살 아들과 여섯 살 딸 그리고 아내와 함께 가정을 꾸리고 살아갈 앞날이 정말 막막했다. 솔직히 그때 느꼈다. 정말 막막하고 힘들면 누구에게도 말하기 싫고 그런 생각조차 들지 않는다는 것을. 하지만 당시 함께 등산했던 후배와 답답한 속마음을 조금씩 나눴던 것, 가장 친한 친구에게 마음을 솔직히 털어놓았던 것이 대단한 해결책을 주지는 않았어도 내 마음의 동파를 방지해 주었다.

행여 말이나 대화의 방법이 어렵게 느껴진다면, 글을 쓰는 것도 추천한다. 글쓰기에도 마음을 흘려 보내는 효과가 있다. 혼자만 아는 기록의 공간도 좋고, 스스로의 선택에 따라 공개된 글쓰기 공간도 좋다. 잘 쓰고 못 쓰고, 쓸 줄 알고 모르고를 넘어 그저 적어 나가 보는 것이다. 중요한 건 혼자 감정을 움켜쥐고만 있다가 동파되지 않도록 하는 것이다. 누군가의 평가나 기준이 아닌 내 솔직한 마음을 중심으로 그저 흘려 보내는 것, 그것이 핵심이다.

또한 담요나 열풍기로 수도관을 따뜻하게 해 주듯, 나 스스로에게도 따뜻한 말을 해 주자.

'너의 잘못이 아니라 상황이 그랬던 거니 너무 자책하지 않았으면 좋겠어. 네가 할 수 있는 최선을 다했잖아', '그래, 속상한 건 속상한 거고 아픈 건 아픈 거야. 다만 네 인생의 이야기는 결코 끝나지 않았어, 조금씩 차근차근 다시 해 나가 보자'와 같이, 나를 잘못을 탓하거나 무겁게 해석하지 말고 잘한 것들, 노력한 것들을 스스로 인정해 주자. 그것은 내 인생의 주인인 나만의 특권이다.

마음이 얼어붙지 않도록 조금씩 흐르게 해 주는 것, 스스로를 인정해 주고 위로하는 작은 따뜻함으로 다시금 마음이 녹을 수 있도록 해 주는 것. 이처럼 부디 내 마음의 동파를 그냥 내버려두지 말고, 서서히 조심스레 움직여 보자. 그저 동파시키기엔 우리의 남은 시간은 너무나 소중하고 귀하다.

 **Summary**
남에게 잘하는 법, 따뜻하게 말하는 법을 배우는 것도 필요하지만, 결국 나 자신의 마음을 알아주고 따뜻하게 대할 줄 아는 사람, 내 마음이 행복한 사람이 남에게도 그렇게 할 수 있다. 더군다나 가까운 사이일수록 자신을 대하듯 남을 대하는 법이다.

# 진정한 자유로움

하루는 선생님의 선생님을 모실 일이 있었다. 그 분은 서울의 한 음악대학 학장님으로 계신 분이었는데, 선생님의 대학 시절 은사님이셨다. 남산 부근에 위치한 그분의 댁에서 인천공항까지 모시는 미션이 주어진 것이다. 어떻게 모셔야 할지 부담감이 이만저만이 아니었다.

우선 이보다 더 열심히 할 수 있을까 싶을 정도로 차를 청소하고 약속 시간보다 일찍 대기하기로 했다. 내비게이션도 두 번 세 번 확인해서 검색해 놓고, 차 안에 따뜻한 음료와 냅킨도 미리 세팅하고 적절한 차량 온도까지 체크했다. 빈틈없이 모시고 싶은 마음과 혹시나 발생할 실수에 대한 염려로 긴장이 되었다. 가뜩이나 선생님도 어려워하시는 분이라는 점에서 쉽지 않은 미션과 같았다.

처음 그분을 마주했을 때의 느낌이 여전히 남아 있다. 60대 후반의 남자 분이셨는데, 실크 스카프, 정돈된 슈트와 헤어스타일, 잘 닦인 구두가 인상적이었다. 교수님께서는 아주 편안하고 젠틀한 목소리로 말씀하셨다.

"반가워요~ 오늘 저 때문에 이렇게 시간 내서 오신 거예요? 본인도 수업하고 이래저래 바쁘시다고 들었는데 고마워요."

"아닙니다. 운전도 제가 하는 일입니다. 모시게 돼서 영광입니다."

그리고 매우 천천히 목적지를 향해 출발했다. 늘 하던 운전인데도 그때는 면허증을 발급받고 도로주행을 처음 나가는 것 같았다. 그렇게 1시간가량 이동을 했고, 차 안에서는 정적이 흐르기도 하고 가벼운 대화들을 주고받기도 했다.

도착 후 트렁크에서 짐을 내리려는데, 교수님께서 의외의 질문을 건네셨다.

"바쁘셨을 텐데 이렇게 시간 내줘서 정말 고마워요. 그런데 내가 조금 갑작스러운 질문 하나만 해도 될까요?"

"네, 말씀하세요."

"오 강사님은 자유가 뭐라고 생각해요?"

정말 말 그대로 갑작스러운 질문이었다.

"네, 자유라는 것은… 다른 사람에게 피해 주지 않고 내가 원하는 것을 거침없이 펼치는 것이라고 생각합니다."

다소 평이한 답변을 했다. 그때는 그게 최선이었다.

"그래요, 그것도 좋은 해석이네요. 제가 드리고 싶은 얘기를 좀 드려도 될까요? 오늘 오 강사님이 이렇게 저를 위해 운전해 주시고 준비해 주신 덕에 오는 길이 너무 편안했어요. 차 안에서 필요한 것들도 잘 준비해 주시고 속도도 편안했고, 신호도 정말 잘 지키시고요. 그런데 말이에요. 제가 내리고 돌아가는 길도 왔던 길처럼 똑같이 운전하는 것. 저는 그게 자유라고 생각해요."

그리고 교수님은 공항으로 가셨고, 한동안 나는 출발을 못했다. 내 안에서 울림이 일었다. 내 나름대로 열심히 한 것에 대한 후회나 부끄러움 때문만은 아니었다. 다만 스스로 자유롭고 당당할 수 있는 삶이 무엇인지 다시 한번 생각해 보는 계기가 되었다. 그것은 누가 보든 보지 않든 상황에 따라 바뀌지 않고 내 나름의 질서, 나와의 약속을 지키며 사는 것이었다. 혼자 있을 때와 긴장된 상황에서의 괴리가 많을수록 우리는 피곤한 삶을 살아간다. 아니 자유롭지 못할 확률이 높다.

스피치도 마찬가지다. 평상시에는 마음을 풀고 있다가 무대만 주어지면 그때서야 어떻게든 해 보려 아등바등하는 것이 자유롭지 못한 무대를 만드는 것은 아닐까?

평상시 누가 보지 않더라도 스스로 꾸준히 일관성 있게 살아간다면, 어느 날 갑작스러운 무대에서도 자유롭고 당당하게, 나답게 무대에 설 수 있는 것이다.

 **Summary**
주로 쓰는 단어와 말투, 주로 하는 생각, 주로 듣는 음악, 주로 가는 곳, 주로 만나는 사람 등 모든 것이 무대와 스피치에 드러나게 마련이다. 물론 뻔뻔하게 삶과 무대가 다른 사람도 있겠지만, 거짓 연기는 언젠가 막을 내릴 것이고 무엇보다 스스로가 먼저 지쳐 버릴 것이다.

""

Part
02

# 나를 더 빛내 주는
# 말하기의 요건

# " 중심과 진심이 있는
# 목소리의 균형

내게 좋은 목소리나 스피치가 무엇이냐고 묻는다면 단호히 말할 수 있다. '중심(中心)'과 '진심(眞心)'이라는 두 가지의 마음이 함께하는 것이라고 말이다. 물론, 성우처럼 동굴 발성이 되고 꾀꼬리처럼 간드러진 목소리라면 듣는 이에게 청각의 청량감을 주며 명확한 전달력을 가진다. 그러나 인간의 목소리와 말하기의 힘은 그 안에 담긴 사람의 중심이자 말에 휘둘리지 않는 가치관과 철학, 진솔한 진심이 만났을 때, 비로소 튼튼하고 듣기 좋은 소리가 되는 것이다.

중심이란 물건의 가운데를 말하며, 일을 할 때 가장 중요한 부분이나 사람을 지칭하기도 한다. 중력의 중심, 물체의 각 부에 작용하는 중력이 총체적으로 작용하고 있다고 생각되는 지점을 말한다. 외줄타기를 하는 어름산이의 균형 잡힌 모습도, 얇은 막대 위에 접시를 돌리는 서커스 단원의 모습도, 중심의 지점을 인지하고 균형을 잡아 아슬아슬하고 위태위태한 모습 속에서 떨어지거나 쓰러지지 않는 것이다.

자기 삶에서 무게중심을 가지고 사는 사람들은 그 중심이 목소리와 말하기에 있어서도 자연스럽고 당연하게 묻어난다. 그들은 스피치의 무대에서 긴장하지도 않는다. 외부에서 들리는 말이나 다양한 상황들보다 내가 가진 중심의 힘이 마음의 밑바닥을 잡아 주고 있기에 약간의 설렘과 가벼운 긴장은 있지만 쉽게 흔들리지 않는다.

몇 년 전 개척을 시작한 40대 후반의 목사님과 식사할 기회가 있었다. 개척교회란 재정적으로나 규모 면에서 비교적 소규모이고, 자립하며 성장해 나가야 하는 교회를 말한다.

"목사님, 이것저것 쉽지 않은 부분이 많으실 듯합니다. 혹시 제가 작게라도 도움 드릴 게 있을까요?"

주제 넘는 질문인 듯 하지만 정말 순수하게 뭔가 도움이 될 수 있는 부분이 있을까 하는 마음에 여쭤 봤다.

"감사합니다. 그렇다면 우리 교회 사람들에게 도움 되는 스피치 수업을 해 주실 수 있을까요?"

마치 기다렸다는 듯이 바로 답변하시는 모습에 오히려 내가 살짝 당황을 했다.

"사실… 조금은 힘듭니다. 작은 상가에서 교인 10명 남짓이 함께하는데 더군다나 그 적은 인원들 중에서도 개인 사정이 생기거나 이런저런 이유로 안 나오기라도 하면 티가 팍팍 나요. 그래서 조마조마할 때도 있죠. 그럴 때마다 저는 기도합니다. 그리고 제 갈 길을 갈 뿐이지요. 오늘 오 강사님 같은 분이 오셔서 '뭐 도와드릴 게 없을까요?' 물어보셨는데, 사실 속으로 놀랐습니다. 며칠 전 교회에서 교인들이 즐거워 할 만한 무엇인가를 해 볼 수 있게 도와달라고 기도를 드렸거든요. 그래서 물어보셨을 때 기다렸다는 듯이 반갑게 답변을 한 겁니다."

그 만남이 있은 후 약 두 달간 다른 대가 없이 그야말로 순수한 마음으로 교인분들을 위해 스피치 수업을 했다. 종교를 떠나 평상시 말투와 목소리를 코칭해드리고, 각자의 고민과 필요한 부분들을 나누며 유익한 시간을 보냈다. 그렇게 수업이 성사될 수 있었던 것은 목사님의 중심 있고 진심 어린 이야기와 목소리 때문이었다.

4년이 흐른 지금 그 교회는 더 많은 사람들이 함께하는 곳이 되었다. 사실 말 못할 어려움과 힘듦이 있었겠지만 마음의 중심을 지키고 소신을 가지며 살아가는 모습, 무게 잡지 않고 낮은 자세로 솔직하게 말하는 그분의 모습은 많은 사람들의 마음을 움직였을 것이다.

교회가 커야만 자신의 확신이나 소신을 가지는 게 아니듯, 우리도 대단한 성과나 물질적 부가 있어야 소신을 가지는 게 아니다. 상황과 관계없이 자신의 삶에서 굳건히 믿고 웬만한 바람에는 흔들리지 않는 신념을 가지는 것은 누구에게나 필요하고 또 가능하다. 그러니 약해 보이거나 작아 보일까봐 일부러 강한 척하거나 어설프게 잘 나가는 척 연기하는 가짜 카리스마는 더 이상 필요하지 않다. 자신의 중심을 잘 잡고 소탈한 모습으로 함께하는 것, 그것이 중요하다.

 **Summary**
① 삶에서 가장 소중하고 중요한 것은 무엇이며 이유는 무엇인가?
② 건강한 삶을 위한 나만의 원칙이나 규칙이 있다면 무엇인가?
③ 나는 사람들을 만나고 이야기할 때 있는 그대로 말하는가?
　아니면 누군가에게 잘난 척하기 위해 포장하거나 꾸미는 것을 좋아하는가?
④ 내가 옳고 소중하다고 생각하는 것과 물질적 소득을 바꾸지 않을 자신이 있는가?

# 묵은지, 신 김치 또는
# 겉절이 같은 스피치

김치찌개를 전문으로 하는 식당에 갔다. 들어가면서부터 진한 묵은지 냄새가 식당 안을 가득 채운, 그야말로 소문난 김치찌개 전문점이었다. 주문을 하고 기다리는 동안 식당 내부를 살펴보는데 묵은지에 대한 다양한 설명과 효능들이 가득 붙어 있었다. 그러다 유독 눈을 사로잡는 글귀가 하나 보였다. 바로 '묵은지와 신 김치는 다르다'라는 내용의 글이었다.

글씨가 잘 보이지 않아 그 글이 잘 보이는 쪽으로 자리까지 이동했다. 글의 주요 내용은 이랬다. 아는 사람들은 알겠지만 어떤 사람들은 묵은지와 신 김치를 비슷하게 생각한다. 하지만 둘은 확연히 다르다. 묵은지는 오래된 김장 김치라는 뜻으로, 김장을 하기 전 묵은지로 만들 생각으로 양념이나 간을 약하게 해서 저온 상태에서 최소 6개월 이상 저장하여 숙성시킨 것을 말한다.

숙성 중 지켜야 할 것은 온도의 일정함이다. 온도의 변화가 잦으면 숙성에 방해가 된다. 그리고 뚜껑을 자주 열어 보면 안 된다. 불필요한 공기가 자주 유입되면 맛이 드는 것이 아니라 맛이 가버린다. 그래서 그 식당에서는 최소 2~3년 숙성된 묵은지만을 사용한다는 것이다.

신 김치는 숙성이라기보단 관리를 잘못하거나 안 해서 말 그대로 김치가 쉬어 버린 것이다. 혹은 앞서 말한 것처럼 맛이 간 것이라는 표현이 어울린다. 숙성된 것은 맛이 깊고 감칠맛이 나며 시원하다. 그러나 맛이 간 것은 자극적이지만 감칠맛이나 깊이가 없다.

말과 목소리의 힘도 유사하다. 묵은지처럼 오랜 시간 잘 숙성된 말과 목소리가 있는 반면, 얼핏 보기엔 유사하나 깊이가 없고 감칠맛이 없는 신 김치 같은 말과 목소리가 있다. 또는 숙성한지 얼마 되지 않았거나 겉으로만 그럴듯한 겉절이 같은 목소리와 말도 있다. 물론 신 김치도 겉절이도 각자의 매력이 있지만, 진정 힘 있는 목소리와 말은 묵은지처럼 숙성되었을 때 비로소 시작된다.

스피치 수업을 한 번도 받은 적 없이 25년간 구두 수선만 하신 분의 강연에서, 피겨퀸 김연아 선수의 인터뷰와 이야기에서, 또는 말을 아낄 줄 알고 때가 되면 행동으로 드러나는 누군가의 모습에서 이미 우리는 말의 진짜 힘이 어디에서 나오는지 경험하고 있다.

숙성이 어려운 사람들은 말하기를 좋아하고, 시작하는 단계의 다짐을 마치 다 이룬 것처럼 얘기한다. 감정 표현이나 의사소통에 있어서 그때그때 말하는 게 필요한 경우도 있다. 하지만 나의 목표나 생각을 묵묵히 마음속에서 숙성시키지 못하는 사람들의 경우 얼마 가지 않아 말의 내용이나 목표가 금세 바뀌기도 한다. 우리는 그런 사람에게 진중함과 신뢰를 느끼지 못한다.

말을 많이 하는 것이 잘하는 것이 아니다. 필요한 말을 적재적소에 하며 삶에서 충분히 익은 다음에 조심스레 말을 꺼내는 사람, 우리는 그런 사람들의 말과 목소리에서 힘을 느낀다. 목소리에 힘을 주어 말하지 않아도 그 사람이 가지고 있는 경험과 인내, 아픔, 깨달음, 배려, 극복, 노력, 눈물, 사랑을 통해 인간 목소리의 진짜 힘을 느낀다.

수업을 하다 보면 강사가 되겠다는 혈기 왕성한 20~30대 초반의 수강생들을 만난다. 대학생도 있고, 취준생도 있고, 강사 준비생도 있으며 일반 회사원도 있다. 최근 들어 발견한 그 친구들의 공통점은, 멋진 말을 하는 명강사들의 영향 때문인지 자꾸만 말을 멋있게만 하려고 한다는 것이다. 말에 미사어구를 많이 붙이고 어떻게든 짜 맞춰서 메시지를 전하려 하며 어려운 단어들을 자주 사용한다. 운 좋게 여차저차 말을 잘 만들어 낼 수 있을지도 모르지만 대부분은 안타깝게도 신 김치나 겉절이 같은 말과 목소리가 돼 버린다.

그러나 그들도 분명 묵은지 같은 주제의 진득한 내용도 있다. 들떠 있는 마음이나 앞서 있는 마음을 조금 내려놓고, 본인 삶에서 가장 힘들었을 때, 가장 소중했던 순간, 가장 오랫동안 시간과 마음을 투자하고 노력한 것들에 대해 고민해 보고 차분히 말하다 보면 그들의 진득한 목소리는 시작된다.

대학 때 은사님은 늘 이런 얘기를 하셨다.

"진짜 힘을 가지고 싶다면 정해진 시간에 꾸준히 반복해야 해. 즉흥적이고 순간적인 힘이 필요할 때가 있지만 그것이 정해진 시간, 꾸준한 반복을 만나지 못하면 결국 달콤한 말하기의 재미로만 그치게 되는 거야."

의지와 열정, 창의성까지 갖췄다 칭찬 받았지만, 인정과 주목을 받는 걸 좋아하고 지루한 것을 참지 못하는 탓에 늘 다짐과 시작의 단계에서 말이 많고 호흡이 들떴다.

교수님의 눈에는 그게 훤히 보였을 거고 한 학기, 한 학년이 마무리되어 갈 때쯤 어김없이 연초나 학기 초의 계획이 유야무야되는 모습을 지켜봤던 것이다. 젊은 한때의 시기라 볼 수도 있지만, 그 성향이 나중에도 이어졌던 걸 보면 그런 성향은 나이와 상관없는 부분이기도 하다.

삶을 진득하게 때론 침묵하며 살아야 한다. 요즘처럼 SNS가 왕성한 시대일수록 더욱 필요한 부분이다. 나 역시 페이스북이나 인스타그램을 즐기기에 이런 얘기를 하는 게 조심스럽다. 물론 그런 즉흥적이고 열린 광장 같은 곳에서의 의사소통과 의견 공유도 매력이 있지만, 그저 나를 알리고 자랑하기 바쁜 모양새로 보아 숙성과는 거리가 멀어질지도 모르겠다.

우리는 삶을 살아가며 지금도 익어가고 있고, 다양한 사건과 크고 작은 일들을 통해 성장하고 있다. 그리고 그 과정에서 책과 강의가 줄 수 없는 배움과 깨달음도 만난다. 나에겐 어떤 묵은지 같은 시간이 있었는지, 신 김치나 겉절이 같은 말과 목소리를 낸 적은 없었는지, 왜 그랬는지를 고백해 본다면 그조차 결국 묵은지 같은 힘 있는 말과 목소리의 시작이 될 것이다.

 **Summary**

일에 대한 다짐이나 시작의 단계에서 말을 아끼고, 한동안 묵묵히 노력하고 살아가며 조심스레 그 내용을 얘기하는 연습을 해 보자. 혹은 지금까지 자신이 살아온 이야기를 진솔하게 말해 보자. 거기서부터 우리의 묵은지 같은 묵직하고 진솔한 이야기의 힘이 시작된다. 그것은 스피치뿐만 아니라 당신의 삶에서도 신뢰감을 주는 진정 힘 있는 목소리가 될 것이다.

# 좋은 스피치는
# 코스 요리와 같다

 코스 요리는 단품 요리와는 다르게 말 그대로 흐름에 따라 준비된 음식이 나오는 방식이다. 코스 요리의 흐름은 각 음식별 특성에 따라 다를 수 있지만 보통은 식전에 가벼운 음료나 와인, 빵을 즐기는 애피타이저로 시작해서 입맛을 돋우는 가벼운 음식인 전채 요리 그리고 메인 요리로 이어진다. 메인 요리가 마무리될 때쯤에는 식사를 마무리하는 디저트가 나오고 마지막에 차를 마시는 티타임으로 마무리된다.
 오랫동안 강의와 수업을 하면서 강의 스피치, 수업의 흐름을 준비한다는 것은 정성스러운 코스 요리를 준비하는 것과 같다는 생각을 했다. 또한 이러한 흐름을 인지한다는 것은 인간관계의 만남에서도 매우 중요한 원리이기도 하다.

가령 '내가 스피치를 잘하고 싶은 이유'라는 주제로 5분 스피치를 준비한다고 했을 때, 애피타이저 → 전채 요리 → 메인 요리 → 디저트 → 티타임의 흐름에 맞춰 준비하면 된다.

애피타이저는 '첫 인사'를 일컫는다. 일반적으로는 자신의 이름, 스피치하게 된 동기(이유) 등을 포함하는데 '안녕하세요. 처음으로 스피치 하게 된 ○○○ 이라고 합니다. 반갑습니다'가 될 수 있다.

여기서 조금 더 발전시키면 가볍게 날씨, 기분, 현장의 분위기 등을 활용할 수 있다. '안녕하세요. 며칠 날씨가 흐리더니 오늘은 약속이나 한 듯 햇볕이 쨍쨍하네요. 이렇게 좋은 날, 첫 번째로 이야기하게 된 ○○○이라고 합니다. 반갑습니다 (목례)' 등으로 발전시킬 수 있다.

여기서 팁을 추가하자면 목례와 첫 인사말이 중복되지 않게 말을 다 하고 목례를 하자. 그러면 그 타이밍에 청중은 박수를 보내는 시간을 가지며 자연스러운 시작이 된다.

물론 각각의 개성과 기분에 맞춰 다양하고 자연스럽게 스피치를 시작할 수 있다. 앞의 예시를 토대로 상황과 시간, 분위기에 맞는 나만의 애피타이저 스피치를 구성해 보자.

다시 한번 말하지만 어떤 법칙이나 구성에 얽매이지 말고 나의 감정, 기분을 기본 재료로 거침없이 시도하는 것이 중요하다. 정답은 나 자신이니 말이다.

다음으로 전채 요리가 이어지는데, 바로 '주제 소개'이다. 앞서 흐름에 맞게 간단히 애피타이저로 첫 인사를 했다면 이제 전할 말의 주제로 들어가는 것이다.

시간의 조건이나 흐름에 따라 좀 더 많은 시간을 할애할 수 있겠지만, '저는 오늘 스피치를 왜 잘하고 싶은지에 대해 5분간 이야기하려 하는데요. 잘하고 싶은 건 맞는데 막상 '왜' 잘하고 싶은지 생각하려다 보니 많은 생각들이 들더라구요. 그러다 문득 명쾌한 이유가 떠올랐습니다' 정도가 될 수 있겠다.

그리고 메인 요리로 들어간다. 여기서는 자신이 왜 스피치를 잘하고 싶은지에 대한 '핵심 이야기'를 하면 된다.

'평범하게 살아온 삶, 어느 때부터인가 삶의 의미를 찾고 싶었고 그때부터 책을 쓰기 시작했어요. 책을 쓰고 나니 그 내용을 사람들 앞에서 전달해야 하는 기회가 생겼고, 그때부터 내용만큼 스피치도 잘하고 싶다는 생각을 했습니다. 엄연히 말하자면 말을 잘하기보단 내 마음과 가치를 잘 전하고 싶었어요'와 같이 자신만의 이야기를 하면 된다.

정답은 없다. 다만 같은 말을 중언부언하거나 핵심적인 이야기의 정리 없이 시간이 초과되지 않도록 미리 내용과 원고를 정리하는 것이 좋다. 5분 스피치라는 조건이 있다면 그에 맞추어 메인 내용은 2

분 정도로 진행하는 게 좋을 것이다. 시간을 정하고 스피치 연습을 하는 것은 핵심만 간단히 말하는 습관을 기르는 데 의미가 있다. 개인에 따라 6분, 7분으로 확장해 가면서 자신의 이야기를 자유롭게 연습하는 것도 추천한다.

그렇게 메인 요리(이야기)가 마무리되면 디저트와 티타임으로 이어지는데, 바로 '주제 정리와 끝인사'이다. 처음에 했던 전채 요리의 주제 소개와 이어지는 맥락으로, 다시 한번 주제를 소개하고 정리하는 부분이다.

'이렇게 해서 제가 스피치를 잘하고 싶은 이유는 그저 말 잘하기에 연연하는 것이 아닌 제 가치를 잘 전하고 나누고 싶은 것입니다. 많은 노력이 필요하겠지만 그 바람이 이뤄지길 소망해 봅니다. 감사합니다.'

앞에서 설명한 부분들을 코스 요리의 흐름에 따라 정리하면 다음과 같다.

> **• 애피타이저**
> 안녕하세요, 며칠 날씨가 흐리더니 오늘은 약속이나 한 듯 햇볕이 쨍쨍하네요. 이렇게 좋은 날, 첫 번째로 이야기하게 된 ○○○이라고 합니다. 반갑습니다. (목례)

- **전채 요리**

저는 오늘 스피치를 왜 잘하고 싶은지에 대해 5분간 이야기하려 하는데요. 잘하고 싶은 건 맞는데 막상 '왜' 잘하고 싶은지 생각하려다 보니 생각보다 많은 생각들이 들더라구요. 그러다 문득 명쾌한 이유가 떠올랐습니다.

- **메인 요리**

평범하게 살아온 삶, 어느 때부터인가 삶의 의미를 찾고 싶었고 그때부터 책을 쓰기 시작했어요. 책을 쓰고 나니 그 내용을 사람들 앞에서 전달해야 하는 기회가 생겼고, 그때부터 내용만큼 스피치도 잘하고 싶다는 생각을 했습니다. 엄연히 말하자면 말을 잘하기보단 내 마음과 가치를 잘 전하고 싶었어요.

- **디저트와 티타임**

이렇게 해서 제가 스피치를 잘하고 싶은 이유는 그저 말 잘하기에 연연하는 것이 아닌 제 가치를 잘 전하고 나누고 싶은 것입니다. 많은 노력이 필요하겠지만 그 바람이 이뤄지길 소망해 봅니다. 감사합니다.

매우 단순하고 평범한 스피치로 보이지만, 특별한 미사어구나 유창한 말솜씨를 선보이기 전에 담백한 흐름을 구성하는 방법을 익히면 그때부터 다시 자신만의 느낌이나 매력으로 발전시킬 수 있다.

여기에서 애피타이저(오프닝 스피치)를 조금 더 발전시키면 '통계(정보)', '질문', '명언', '유머'라는 네 가지 요소를 활용하여 다시 구성할 수 있다. 이 요소들은 개별적으로 또는 함께 사용할 수도 있다.

통계(정보)를 활용하는 것은, 스피치에 있어 신뢰를 주는 요소로 활용될 수 있다. 앞서 말한 '스피치를 잘하고 싶은 이유'로 예를 들어보면 다음과 같다.

(정보) 캐나다 토론토 대학에서 흥미로운 연구를 했다고 합니다. 바로 인간이 공포를 느끼는 대표적인 네 가지 상황이란 주제의 연구였는데요. (질문) 혹시 여러분은 언제 가장 공포를 느끼시나요? (청중의 답변 듣고 반응) 네, 다양한 답변을 주셨네요. 토론토 대학의 연구에 의하면 인간은 앞을 가늠할 수 없는 어둠 속에 있을 때, 깊은 물속에 있을 때, 감당할 수 없는 높이에 있을 때 그리고 대중 앞에 섰을 때라고 합니다.

오늘 제가 이야기하려는 주제가 스피치를 잘하고 싶은 이유인데요. 제가 하려는 게 단순히 스피치 스킬을 익히는 것이 아니라 제 자신의 공포를 극복하는 것이라는 생각이 들더라구요.

이렇게 스피치를 시작하면 청중의 관심을 좀 더 집중시키고 청중과 호흡하면서 자연스럽게 메인 스피치로 들어갈 수 있다.

질문을 주축으로 하는 스피치 오프닝에서는 자신이 할 스피치의 내용에 맞게 '여러분 혹시 오늘 기분 어떠세요?', '여기 오신 분들 중에 나는 스피치를 좀 잘하는 편이라는 분 손 한 번 들어 보시겠어요?', '나는 스피치라는 단어를 들으면 세포가 먼저 반응하고 긴장된다 하시는 분 손 한 번 들어 보시겠어요?' 등으로 시작할 수 있다.

언젠가 수업 중에 한 수강생이 '진정한 행복'이라는 주제로 스피치를 시작하면서 '여러분은 요즘 행복하세요?' 라는 질문을 던졌는데, 그 질문과 더불어 자신의 요즘 마음을 솔직하게 이야기해 나가며 매우 인상 깊은 스피치를 한 적이 있다. 이처럼 질문을 활용할 경우에도 흥미를 집중시키며 스피치를 시작할 수 있다.

명언은 청중들로 하여금 좀 더 지성적인 인상을 주고 주의를 집중시키는 장점이 있다.

〈죄와 벌〉을 쓴 러시아의 문호 톨스토이는 '행복은 노력하는 과정에서 얻어지는 산물이다'라고 말했습니다. 노력의 이유는 그 결과물과 성과 자체보다는 노력하는 순간순간에 있으며 거기에 이미 즐거움이 있다는 뜻이라고 하는데요. 오늘 저는 좋은 결과

> 를 위한 스피치보다는 그저 이 순간을 즐기는 스피치를 하고 싶습니다.

자신이 평소 인상 깊게 기억하고 있는 명언이나 스피치 내용과 감정에 맞는 명언을 활용하면 훨씬 중심 잡힌 스피치의 시작과 흐름을 이어갈 수 있다.

끝으로 유머를 적절히 활용할 수 있다. 스피치에 있어서 유머라는 요소는 매우 중요하고 잘 활용하면 도움이 되는 요소이다. 유머 오프닝 요소에는 자신의 외모나 이미지를 활용하는 '이미지 활용 반전 기법'이 대표적인데, 자신의 잘난 모습보다는 콤플렉스나 핸디캡이 될 수 있는 부분을 오히려 매력이자 유머로 승화시키는 것이다.

한번은 지인의 강의를 들은 적이 있었는데 그분은 평균보다 키가 좀 작은 편이었다. 그의 강의 첫 인사는 이랬다.

> 안녕하세요. 누가 뭐래도 대한민국 남성 평균키로 전혀 불편함이 없이 사는 남자, 남이 말하는 불필요한 기준보다는 자신을 사랑하는 건강한 자존감으로 사는 남자 ○○○입니다. 반갑습니다.

이 소개로 청중들에게 웃음을 던지고 박수를 받으며 강의를 시작하였다. 뿐만 아니라 메인 스피치에서도 자신의 경험과 유머를 활용하여 멋진 스피치를 했다.

 **Summary**

스피치는 코스 요리와 같다. 목적, 상황에 맞는 구성과 다음의 요소를 활용해 나만의 스피치를 만들어 보자.
① 나의 진심과 솔직함
② 다양한 자료 수집 및 스크랩
③ 연령대별 관심사, 시대별 관심사
④ 시간과 목적에 따른 구성과 연습

# 힘을 빼면
# 더 힘이 생긴다

배우를 한창 꿈꾸던 대학 시절, 연기 수업 전에 늘 '몸풀기'와 '목풀기'라는 것을 했다. 몸과 감정을 사용하는 배우 훈련에서는 예열 과도 같은 과정이자, 몸과 마음을 이완된 상태로 만들기 위한 의례적인 루틴이었다. 가벼운 스트레칭부터 시작해 달리기나 윗몸일으키기 등으로 몸을 푼 뒤 목풀기, 즉 호흡과 발성, 발음을 포함한 보이스 트레이닝을 진행하는데, 한번은 교수님께서 이렇게 말씀하셨다.

"목소리를 내기 이전에 자세를 먼저 바로 해야 해. 어깨와 등, 얼굴에서 발가락까지 불필요한 곳에 힘을 빼고 바른 자세로 서서 정면을 편안하고 당당하게 바라보는 거야. 근육의 경직된 힘은 빼고 뼈는 바로 세우는 거지."

이때까지만 해도 그저 '바른 자세로 서서 편하게 하라는 말씀이구나' 정도로만 생각했지만, 시간이 지날수록 교수님의 그 말씀은 목소리는 물론 마음과 정신의 측면에서도 인간이 가장 이상적이고 효과적인 결과를 낼 수 있는 이치임을 깨닫게 됐다.

'힘 빼고 해', '긴장 풀고 편하게 해' 같은 말은 일상 속에서, 다양한 운동을 하거나 혹은 중요한 무대에 설 기회가 왔을 때 남에게 들었거나 스스로 해 봤을 법한 말이다. 힘을 뺀다는 건 비단 신체뿐 아니라 마음과 생각에도 적용된다. 그리고 그 방법을 터득하게 되면 같은 운동, 같은 행동, 같은 노력을 하더라도 더 좋은 성과를 얻을 확률이 높아진다. 물론 기술이나 요령 같은 실제적 요소도 필요하지만, 힘이 과하면 최상의 결과를 내는 것은 물론 자신의 매력을 발휘하기도 어려워진다.

그렇다면 '근육에 힘을 빼고 뼈를 바로 세운다'는 것의 참 의미는 무엇일까? 과한 성취욕이나 인정 욕구를 내려놓고 지금 이 순간에 집중하는 것, 남의 인정에 목말라하기보다 그저 나만 보고 내 할 일에 충실하는 것이다.

인간의 표현과 행동은 마음과 의식의 상태에 기반한다. 경험과 노력이 축적됨에 따라 실력이 쌓이고 자연스레 이완되는 상태를 만나기도 하는 반면, 남에게 지나치게 잘 보이려는 욕구는 우리의 몸과 정신을 시달리게 한다. 예를 들어 '실패하면 다른 사람들이 나를 우습게 볼지도 몰라', '멋지게 해내서 내가 얼마나 대단한 사람인지 증명해야지' 같은 생각들은 우리의 의식에 영향을 주어 긴장과 경직으로 이어진다.

자신의 기량을 가장 효율적으로 발휘하고 독보적인 매력을 가진 사람들의 대부분은 남에게 보여 주려는 욕구를 뒤로하거나 의식에서 없애버린 '긍정적 나쁜 사람'들이다. 어설프게 착하거나, 겉으론 아닌 척 하면서 속으로는 인정과 과시욕에 목마른 사람들이 있다. '나쁜'이란 말의 어원은 '나뿐'이라는 말로, 못되고 악하다는 것이 아니라 내가 집중할 것과 결정할 것에 있어 나 자신에게 무게중심을 두는 것이다. 그렇다고 이기적이거나 다른 사람을 무시하라는 말이 아니라, 남의 의견이나 기대에 부응하려는 불필요한 힘을 빼라는 말이다.

그러기 위해 추천하는 방법은, 우선 배우들이 하는 몸의 이완 연습을 통해 긴장과 이완을 몸으로 직접 느껴 보는 것이다. 해박한 지식이나 방법을 몰라도, 서툴러도 괜찮다. 배우들도 직업적으로는 특수하지만 우리와 같은 평범한 사람들이므로 큰 어려움 없이 따라 하다 보면 보다 수월하게 긴장 상태에서 이완 상태로 갈 수 있다.

우선, 가능한 한 조용한 곳을 찾아 소위 '양반다리'라 부르는 가부좌 자세로 앉거나 똑바로 선다. 꼬리뼈부터 척추뼈, 목 뒤까지 좌우로 틀거나 앞뒤로 굽히지 않고 1분 정도 숨을 편하게 들이마시고 내

쉬고를 반복한다.

둘째, 팔, 다리, 어깨, 등, 배, 손가락, 발가락까지 힘을 줄 수 있는 부분은 모조리 힘을 주어 딱딱하게 만든다. 그리고 다시 힘을 뺀다. 다시 온몸에 힘을 주고 10초 정도 있다가 다시 힘을 뺀다.

셋째, 긴장과 이완을 반복하며 그 차이를 몸과 의식으로 느끼고, 다시 편하게 들숨과 날숨을 반복한다. 이후 내 몸을 느껴 본다. 얼굴, 팔, 다리, 등, 목, 어깨, 손가락, 발가락까지 충분히 말랑말랑하고 편안한가? 나도 모르게 긴장되거나 힘주고 있는 곳은 없는가? 만약 힘이 들어간 부분이 있다면 호흡과 함께 편하게 힘을 빼 주자.

특정한 시간과 장소가 아니더라도, 이처럼 일상에서 긴장을 풀고 이완하는 연습을 틈틈이 해 주는 것을 추천한다. 특히 가장 직접적이고 원초적인 몸이라는 경로를 통해 가장 또렷한 이완의 경험을 해 볼 수 있다.

이어서는 다음의 질문에 대해 생각해 보고 마음과 정신도 똑같이 이완 훈련을 해 본다. 앞서 했던 연습과 함께 진행해도 좋고, 차 한 잔 하거나 조용히 걸으며 따로 해도 좋다.

'나는 무엇을 그렇게 이루고 싶고, 무엇 때문에 그것을 이루고 싶은가?'

'그것을 이루면 내가 행복할까, 남이 행복할까?'

'내 삶의 중심은 다른 사람들의 평가와 판단일까, 나 스스로의 성

실함과 충실함일까?'

잘 보이려 연연할수록 의식과 행동에 불필요한 힘이 들어가고, 결국 잘 보일 수 없게 된다는 것을 받아들이자. 그러다 보면 어느 순간 내가 왜 그렇게 힘주며 살았는지, 왜 그렇게 남을 의식하고 인정받고 싶었는지 깨닫게 되기도 한다. 가령 형제 중 막내로 태어나 언니 오빠와 다르게 늘 어른들의 관심에서 뒷전이었던 누군가는, 커서도 타인의 인정과 보살핌에 연연하게 된다. 이처럼 존재 그대로 인정받은 적 없었던 사연들이 결국 힘을 과하게 주는 행동으로 이어지는 것이다.

삶이란 게 원래 그렇다. 그러니 과거의 나 혹은 내가 몰랐던 나를 만났다면 '괜찮아' 하고 잘 안아 주자. 그리고 다시 나의 중심을 찾으면 된다. 아무 일도 없었던 사람보다 실수와 아쉬움, 눈물이 있었던 사람의 삶이 더 깊고 풍부하다. 인간은 완벽한 논리와 고집이 아닌 삶의 홈과 틈으로써 소통하고 연합하며 더 강해질 수 있다.

 **Summary**

남 시선을 신경 쓰지 않는다는 게 어찌 그리 쉬운 일이랴. 하지만 분명한 사실은 '내가 너무 남의 인정과 시선에 목말랐었구나', '나의 일과 삶의 주체가 나 자신이 아니라 남이었구나' 하고 깨닫는 순간, 나다움으로 가는 변화는 이미 시작되었다는 것이다.

> **표현력**
> **업그레이드**

# 일상 속 안정된 목소리와 스피치를 위한 쉼의 시간

● 산책

조금만 관심을 가진다면, 일상생활에서 누구나 쉽게 실천할 수 있다. 조용한 이른 아침이나 저녁 시간이 좋지만 시간은 크게 상관없다. 조용히 걸을 수 있는 산책로나 공원을 찾고, 가능하다면 휴대전화는 잠시라도 꺼두고 10~15분간 조용히 걸어 보는 것이다. 잡생각이 나더라도 잠시 분주하고 바쁜 마음을 내려놓고 이 순간 지금 여기에 있음을 되새기며 아주 천천히 걸어 본다. 안정된 호흡과 편안함의 시간을 가지는 것은 내 목소리와 스피치에 안정감을 준다.

• **명상**

산책과 이어서 해도 좋고 따로 할 수도 있다. 적당한 곳에 자리 잡고 편히 앉는다. 굳이 가부좌 자세가 아니더라도 의자나 혹은 비슷한 어딘가에 걸터앉아도 좋다. 그리고 눈을 감고 코로 숨을 깊게 들이마시고 입으로 다시 길게 내쉰다. 숨이 너무 벅차지 않게 편안함에 집중한다. 그런 다음 주변에서 들리는 소리에 집중해 본다. 가장 멀리서 들리는 소리부터 가장 가까이에서 들리는 소리까지 듣다 보면, 계속 났는데도 이제야 들리는 소리들이 있을 것이다.

• **차 마시기**

요즘처럼 커피를 많이 마셨던 때가 있었을까? 거리를 걷다 보면 다섯 사람에 한 두 사람은 커피를 들고 다닌다. 카페는 조금만 걸으면 금방 찾을 수 있을 만큼 많다. 하지만 평소에 차를 여유롭게 즐기며 사는 사람은 몇이나 될까. 차 마시는 사람들은 차를 조용히 음미하고 입안으로 들어 온 차가 식도를 타고 천천히 내려갈 때까지 기다린다고 한다. 물론 모든 차나 커피를 매번 그렇게 마실 수는 없지만, 가끔 나의 안정된 호흡과 편안함을 위해 향과 온

> 도를 느끼며 차 마실 잠깐의 시간 정도를 허락해 줄 필요는 있다.

### • 소감 말하기

산책이나 명상, 차 마시기를 충분히 여유롭게 느끼고 즐긴 후 본인의 느낌과 생각을 말해 보자. 그때 가장 편안하고 안정된 목소리를 만날 확률이 높다. 몸은 여기 있는데 정신이 다른 곳에 가 있는 것을 '분주함', 있지도 않은 일에 마음을 자꾸 쓰는 것을 '염려'라고 한다. 분주함과 염려가 가득한 목소리엔 안정도 편안함도 없다. 또한 그런 목소리에서 시작하는 스피치에서는 스스로는 물론 듣는 이들도 안정을 느끼지 못한다. 다른 많은 기술을 연습하는 것도 좋지만 나의 목소리 상태부터 편히 리셋해 보면 좋겠다.

# ❝ 진짜 경청과 가짜 경청

　서점이나 도서관에 가보면 스피치 관련 책들이 참 많다. 어쩜 매년 이리 쉬지도 않고 나오는지, 각 책마다 좋은 내용들을 나름의 해석으로 다양하고 알기 쉽게 정리해 두었다, 그런 책들에 항상 빠지지 않는 단어가 있다. 한편으론 너무 많이 들어서 익숙해진 단어, 바로 '경청'이다.

　"말을 잘하기 전에 우선 잘 들으세요", "나의 말을 하기 전에 상대의 말을 잘 듣는 게 중요합니다"라는 말을 한 번쯤 들어 봤을 것이다. 물론 여전히 중요한 말이지만, 다들 그런 말을 너무 많이 들어서인지 종종 그저 형식적 경청만 하는 사람들을 보게 된다. 물론 듣는 척만 해도 고맙다고 할 수 있지만, 가짜로 듣는 척을 하다가는 상대가 알아도 몰라도 문제가 될 수 있다.

한번은 고향 친구와 대화 중이었다. "나 요즘 책 쓰는데 경험을 글로 정리하고 채워 나가는 게 재미있으면서도 참 쉽지 않네"라고 했더니, "아, 네가 요즘 책 쓴다고 신경이 좀 많이 쓰이는구나"라는 대답이 돌아왔다. 그리고 다시 만났을 때도, 내가 어떤 말을 하면 항상 주요 단어나 내용을 반복하면서 대답하는 것이었다. 나중에 알고 보니 그 친구는 유튜브의 대화 관련 수업 영상에서 '상대가 말하는 핵심 내용을 반복해서 말하라'라는 말을 듣고 실전에서 활용 중이었다.

물론 나쁘지 않다. 상대의 말을 반복하는 것은 경청의 대표적 방법 중 하나로, '지금 당신의 말을 잘 듣고 있으며 존중한다'라는 의미를 전달하는 효과가 있다. 만약 세일즈 상황에서 고객이 "예전엔 안 이랬는데… 요즘 장사가 너무 안 되네요"라고 말했을 때, "그렇죠. 요즘 정말 어딜 가나 장사 잘되는 곳이 거의 없는 것 같아요. 그럼에도 이렇게 신메뉴 개발하면서 고객님처럼 성장해 나가는 분들 보면 정말 존경스럽습니다"와 같이 말을 받아 주면 대화를 이어가면서 상대의 호감과 신뢰를 얻을 수 있다.

다만 배우들의 발연기처럼, 겉으로 보이는 말에만 치중하고 실제로 상대의 말을 진심으로 듣는 자세가 빠져 버리면 자칫 어색하거나 형식적인 느낌을 주어 경청을 안 하느니만 못한 경우가 된다.

요즘 통신사나 은행 등의 콜센터에서는 구체적인 상담까지도 AI 상담사가 진행한다. 처음엔 조금 어색한 말투였지만, 요즘은 말투도 상당히 자연스럽고 매끄럽다. 그런데 오히려 사람과 사람 사이의 대화에서 초창기의 AI처럼 상대를 대하는 경우가 있다. 내용에 진짜 듣는 마음을 담지 않고, 그저 대화 기술만 쓰는 것이다.

그렇다면 말하기에 어느 정도 관심 있는 사람, 직업적으로 사람과 대화를 많이 해야 하는 사람이라면 으레 아는 경청과 대화의 기술은 어떤 것일까?

### 진심으로 상대를 궁금해한다

진짜로 경청하고 말하는 사람들은 상대가 말하는 동안 고개만 끄덕이며 머릿속으로는 다른 생각을 하거나 다음에 할 말을 장전하지 않는다. 일부 다른 생각이나 대답이 미리 떠오르기도 하지만, 상대가 말할 때는 일단 관심을 가지고 그 말을 잘 듣는다.

만약 듣는 척만 하면 결국 상대가 한 말과 엇나가는 답변이 나오거나 태도에서 티가 나게 된다. 나중에는 상대가 그런 느낌을 받아도 굳이 말하지 않는 경우가 많기에, 스스로 경청을 잘한다고 생각하는 사람들이 아마 많을지도 모른다. 혹시 내가 듣는 척만 잘하는 사람인지, 진짜 잘 듣는 사람인지 한 번쯤 차분히 돌아보자.

물론 모든 상황과 말을 너무 심오하게 생각하고 받아들이긴 어렵다. 하지만 상대의 말을 존중하는 마음으로, 특히나 상대가 진지하게 말하는 모습이 보이면 나 역시 좀 더 진지하게 상대의 말에 집중해 보자. 그러한 진심이 기본이 되는 동시에 상대 말의 핵심 내용이나 끝말 반복하기 등의 기술을 활용하면 금상첨화다. 다음 대화를 살펴 보자.

> **친구** 요즘 주식이 너무 안 좋아. 작년에 투자한 종목이 일 년이 넘도록 마이너스라서 너무 스트레스 받아. 그때 왜 들어갔는지 모르겠다. 그때 소개해 준 사람하고는 연락도 안 되고.
>
> **나** 일 년이나? 어쨌든 더 잘해 보려고 투자했을 텐데, 진짜 스트레스 많이 받겠다. 실제로 회복되는 게 제일 중요하겠지만, 몸까지 상하지 않게 건강도 잘 신경 쓰고.

물론 친구가 손실 본 투자금을 회복할 수 있는 방법을 제시하는 게 최고의 답변이겠지만, 그보다는 이런 현실적인 대화의 원리만 배워도 일상에서 유용할 것이다.

### 진짜 경청은 그때의 대화에 머무르지 않는다

누군가 내 말을 경청했구나 하고 감동 받았을 때는, 짧게는 며칠 전, 길게는 몇 달 전에 했던 내 말을 친구가 기억하고 있을 때였다. 아이들 학원 교육을 어떻게 할지 친구와 통화했는데, 일주일 뒤 그 친구에게 "그때 고민하던 거 좀 정리 됐어? 직장 동료들이랑 얘기하다가 비슷한 고민을 해결한 사람이 있더라고" 하고 전화가 왔다. 그 순간 '이 친구가 내 말을 허투루 듣지 않았구나'라는 생각에 적잖이 감동 받았다.

세일즈에서도 마찬가지다. 자주 가던 미용실 실장님이 계셨는데 한 달 반, 짧으면 2~3주에 한 번씩 갈 때마다 이전에 말한 나의 소소한 이야기와 소식들을 다 알고 있었다. 손님이 한두 명도 아니고, 일뿐만 아니라 개인적 일상도 있으실 텐데 어떻게 다 기억하셨을지 궁금해서 물어 보니, 고객과의 대화 노트를 따로 적고 있었다. 바쁠 때는 핵심이라도 메모해 놓고 그 고객이 어떤 스타일을 원하는지, 어떤 특징이 있는지, 요즘 일이나 가정, 개인사에 어떤 이슈가 있는지 메모해 두었다가 다음 방문 때 자연스럽게 말을 꺼낸다. "그때 부산 다녀오신다고 하시더니, 잘 다녀오셨어요?", "한 달 뒤에 행사가 있으셔서 파마하면 좋겠다고 하셨는데, 혹시 생각하신 스타일 있으세요?"처럼 말이다. 물론 머리를 잘하는 게 본질이지만, 이미 그 실장님에 대한 신뢰와 호감도는 급상승한다.

아무리 직업적 이유일지라도 이런 경우가 흔하지 않기에 "혹시 그렇게까지 하시는 이유가 있을까요?"라고 물었더니 실장님은 이렇게 답했다.

"미용실에서는 머리를 잘하는 것도 중요하지만, 무엇보다 사람을 맞이하고 대하는 것이 우선이라고 생각해요. 헤어스타일도 그저 내 생각이나 실력만 고려하는 게 아니라 고객의 직업, 성향, 관심사를 이해할 때 자연스럽게 만족스러운 스타일을 해 드릴 수 있거든요. 그래서 최대한 잘 듣고 기억하려고 노력합니다."

진짜 경청은 시간이 지나도 기억에 남고, 나중에 반응이라는 결과물로 다시 돌아온다. 반대로 가짜 경청은 대화를 나눈 것 같아도 그 내용과 시간은 연기처럼 허무하게 날아간다.

말은 인간의 대표적 교감의 수단이며, 각자의 생각과 마음을 담고 있다. 방법도 중요하지만, 무엇보다 '진짜로' 듣는 자세를 가져 보자. 서로가 서로를 잘 알수록 대화와 관계도 한층 깊어질 것이다.

**Summary**

경청의 기술이 중요한 게 아니라, 경청의 진정성이 중요하다. 그리고 진정성의 기반은 존중이다. 상대를 존중할 때 진심으로 상대의 말에 귀 기울일 수 있고, 이는 깊이 있는 소통을 넘어 감동을 부른다.

# 익숙한 것을 낯설게 하는 힘, 비유

당신은 지금 보험에 대한 설명을 듣고 있다. 앞에 있는 보험설계사가 말한다.

"보험에는 주계약과 특약이 있어요. 주계약은 보험에서 우선되는 메인 보장 부분이고, 특약은 고객님의 필요에 따라 보장을 설계해 나가는 부분이라 보시면 됩니다."

두 번째 설계사는 이렇게 말한다.

"고객님 보험에는 주계약과 특약이란 게 있는데요. 말하자면 피자의 바탕이 되는 도우가 주계약이고, 그 위에 취향에 따라 올리는 토핑이 특약이라고 보시면 돼요."

앞선 설계사의 말도 맞지만, 대부분의 사람들은 두 번째 설계사의 말이 더 이해하기 쉽고 산뜻하다는 느낌을 받는다.

다른 예로 강의를 듣는다고 해 보자. 첫 번째 강사는 "열심히 사는 것도 중요하지만, 가끔씩 잘 쉬어 주어야 더 잘 살 수 있습니다"라고 말한다. 반면 두 번째 강사는 "고속도로를 잘 달리는 것도 중요하지만, 때가 되면 휴게소에 들러야 더 멀리 갈 수 있습니다. 마찬가지로 삶에도 가끔 마음의 휴게 시간이 필요합니다. 그래야 삶이라는 도로에서 더 안전하게 멀리 갈 수 있습니다"라고 말한다.

역시 두 번째 강사의 말이 더 깊은 여운을 남긴다. 물론 말은 되도록 간결하고 담백하게 하는 게 우선이지만, 대상과 상황, 목적에 따라 적절한 비유를 사용할 줄 알면 같은 말도 더 이해하기 쉽고 설득력도 높아진다.

우리 뇌는 익숙한 것들에 소극적으로 반응한다. 가끔은 익숙함 속에 소중함이 들어있기도 하지만, 그저 평이하게만 말하면 뇌의 소극화로 인해 이해력이나 집중도가 떨어지게 된다. 반면 비유는 익숙한 것을 낯설게 하여 같은 말이라도 좀 더 흥미롭고 감성적으로 전달하는 표현법으로 '핵심 맥락은 유지하되 다른 예시를 들어 설명하는' 방법이다.

이러한 비유는 문학, 가사, 연극 대사, 세일즈, 교육 등 다양한 분야에 사용되며, 자세히 들여다보면 방법도 조금씩 다 다르다. 예를 들어 직유법은 '그녀의 눈은 별처럼 빛났다'와 같이 '~처럼', '~듯' 등의 연결어를 사용하여 비교하는 방법이다. 은유법은 직유법과 달리, '인생은 연극이다'처럼 두 대상의 유사성을 연결어 없이 직접적으로 제시하는 방식이다. 의인법은 문학 작품에서 흔히 사용되며, '바람이 속삭인다'처럼 사람이 지니는 생각이나 감정 등을 무생물 혹은 추상적인 대상에 투사하여 표현한다. 활유법은 의인법과 비슷하지만 생물의 생동감이나 움직임을 투사하는 점이 다르며, '나뭇잎이 춤을 춘다'와 같이 표현한다. 마지막으로 대유법은 부분으로 전체를, 속성으로 대상을 나타내는 표현 방식으로, '빵으로 살다'에서 빵으로 식량을 의미하는 것을 들 수 있다.

이렇듯 유용하고 효과적인 비유를 어떻게 하면 더 잘할 수 있을까?

### 일상을 좀 더 깊이 있게 바라보자

비유는 가능하면 쉽고 일상적이어야 한다. 전문적인 단어를 쓰거나 이해하기 어려운 비유, 혹은 상황과 대상, 장소에 맞지 않는 비유는 오히려 말하기에 방해가 된다. 좋은 비유를 위해서는 우리 주변에서 벌어지는 다양한 모습들에 주의 깊게 관심 가지고 관찰할 줄 알아야 한다. 앞선 예시처럼 휴게소를 보며 '아, 이렇게 계속 운전하다가 잠시 휴식하는 시간이 앞으로 또 달릴 수 있게 해 주는구나' 생각하고 바라볼 때, 그런 노력과 기억이 쌓여 자연스럽게 비유가 흘러나오게 된다.

### 독서로 어휘력을 높이자

셰프가 다양한 맛을 내기 위해서는 다양한 재료와 소스, 레시피가 있어야 한다. 글도 마찬가지지만, 특히 말하기에서 유연하고 다양한 비유를 하려면 풍부한 어휘력과 정보, 자유로운 생각이라는 재료가 있어야 한다. 이를 위해서는 앞서 말했듯 일상에 관심을 가지는 한편, 독서를 통해 어휘력과 작가마다의 표현력을 꾸준히 축적해야 한다.

영화, 드라마, 유튜브, 연극, 노래 가사, 다양한 SNS 컨텐츠들도 물론 정보력과 어휘력을 넓히는 데 도움이 되지만, 가장 좋으면서 원초적인 방법이 바로 독서다. 활자로 된 글을 읽으며 좀 더 깊이 생각하고 상상하며 언어 너머의 통찰을 경험할 수 있다.

### 가볍게 시도하고 활용하자

미리 말하지만, 비유가 말하기에 효과적이라 해서 그 자체가 목적이 되면 곤란하다. 사랑해서 손을 잡는 것이지 손을 잡기 위해 사랑을 하는 건 아니라는 뜻이다. 중요한 것은 말의 본질, 즉 내용과 핵심 메시지다.

또한 설익거나 알맞지 않은 비유는 자칫 어색하고 애매한 결과를 초래할 수도 있다. 예를 들어 선물을 포장할 때, 박스 안의 선물과 어울리지 않는 색과 문양의 디자인, 혹은 너무 화려한 포장지를 쓸 거라면 차라리 기본 포장 박스를 사용하는 게 낫다.

그러니 우선은 가볍게 '요즘 나의 기분은 (　　)와 같다'라는 비유로 시작해 보자. 요즘 나의 마음은 어땠나 한번 생각해 보면, 좋은 상태일 수도 혹은 그럭저럭할 수도 있고, 썩 좋지 않거나 나쁜 상황일 수도 있다. 그럼 그 기분과 어울리는 적절한 비유 대상을 찾아보자. (생각할 시간을 좀 드리겠다. 바로 생각나지 않아도 좋으니 한숨 돌리고 여유롭게 시간을 가져 보자)

아마 자신만의 참신하고 다양한 비유가 있을 것이다. 예를 들어 '요즘 나의 기분은 비 온 뒤 맑은 날 같다'라고 비유할 수 있다. 며칠간 기분이 썩 좋지 않았던 일이 마무리되고 한결 개운해졌기 때문일 것이다. 혹은 '요즘 나의 기분은 장마철 같다'라는 비유도 있을 수 있다. 요즘 일이 마음대로 되지 않아서, 마음이 어둡고 무겁기 때문일 것이다. 이렇듯 처음에는 남이나 외부 현상보다는 현재 나의 생각이나 마음을 주제로 시작하면 좋다.

다음으로는 좀 더 단계를 높여 'SNS를 한다는 것은 (　　)와 같다'라는 비유를 만들어 보자. 아마 각자의 경험과 생각이 필요할 것이다. 예를 들어 'SNS를 한다는 것은 화분에 식물을 키우는 것과 같다'라고 비유할 수 있다. 이는 식물에 물을 꾸준히 주고 흙도 갈아 주며 햇볕도 쐬어 주는 것처럼, SNS 역시 지속적으로 게시물을 올리고 디자인도 바꿔 주고 사람들에게 알리기 위해 노력해야 하기 때문일 것이다.

이밖에 자신만의 다른 시각이 있다면 그와 유사한 비유 대상에 대입해 보고 그 이유를 적거나 말해 보자. 앞서 말한 것처럼 반걸음이라도 세상과 사람을 주의 깊게 바라보는 시각이 선행되었을 때 비유의 기본 토양이 만들어진다.

만약 비유를 강의나 비즈니스 업무에 활용한다면 대상의 성별, 연령, 직업, 취향에 맞아야 한다. 예를 들어 '좋은 스피치는 운전을 잘하는 것과 같다'라는 비유는 초등학생이나 청소년 등 운전을 해 보지 않은 대상에게는 적절하지 않다. 여대생들을 대상으로 '탁월한 리더십은 탁월한 군 생활과 같다'라고 비유하는 것 또한 어울리지 않는다. 대신 '탁월한 리더십은 좋은 이성교제와 같다'라고 하는 게 훨씬 더 잘 전달된다.

좀 더 구체적인 비유를 해 보는 것도 좋다. 예를 들어 '기업 운영은 자동차를 운전하는 것과 같습니다'도 좋지만, '기업 운영에 있어 엔진은 팀워크, 연료는 자금, 리더십은 운전과 같습니다'라고 표현하면 더 잘 이해가 된다.

이처럼 비유란 자신의 만족감을 위한 말 기술을 넘어, 상대에게 좀 더 쉽고 흥미롭게 말을 전하는 다리 역할을 한다. 삶과 일상을 깊이 있게 바라보고, 폭넓은 어휘력을 키우며, 가볍게 비유를 시도하고 활용하는 방법을 통해 자신만의 효과적인 비유 능력을 차근차근 키워 보자.

 **Summary**

비유란 말 기술을 뽐내기 위한 것이 아니다. 상대가 듣기에 좀 더 이해하기 쉽고 흥미롭게 해 주려는 배려이자, 목표 달성의 확률을 높여 주는 지지대다. 일상에 관심을 갖고 주변의 현상과 단어, 마음과 문장을 연결 지어 보며 차근차근 연습하다 보면, 말하기의 또 다른 재미를 만날 것이다.

## 유머라는 것의 이해

어렸을 적부터 사람들과 어울리는 것을 좋아했다. 사실 그 누가 따분하고 지루한 것을 좋아하겠냐만은, 좀 심하다 싶을 정도로 장난기가 심했고 친구들끼리 모이면 뭐하고 놀지, 어떻게 하면 재미있을지에 대한 생각뿐이었다.

어른이 되어 다시 만난 친구들이 "그 정신으로 공부를 했으면 분명 서울대를 가고도 남았겠다"라고 말할 정도니 말이다. 20대에 방황하며 힘들었던 기억은 있지만, 강사를 시작하면서 학창시절의 유쾌함을 되찾은 걸 보면 늘 그런 기운이 흐르고 있긴 한 것 같다.

특히 유쾌함과 재미는 강의를 할 때 상당히 요긴하다. 무조건 필요하다는 것은 아니다. 다만 짜장면엔 단무지가, 설렁탕엔 깍두기,

피자엔 피클이 필요한 정도로 생각하면 좋겠다. 사람에 따라 없어도 괜찮다 할 수도 있겠지만 사실 있으면 좋지 않은가?

삶에 있어서도 스피치에 있어서도 유머를 가진다는 것은 단순히 좀 웃기거나 장난 좀 칠 줄 아는 것을 넘어 중요한 자신의 경쟁력이 된다. 스피치 수업을 듣는 사람들 대부분도 재미있게 말하고 싶어 한다. 말 사이사이 적절한 위트와 유머를 섞은 재치를 원하기도 한다.

앞서 이야기한 나의 어린 시절을 돌아보면 타고난 것이 아니냐 물을 수도 있다. 모자란 부분이 많지만 일정 부분은 타고난 것이 맞다. 하지만 초등학교 3학년 이전 나의 모습은 소심하고 눈치 많이 보는 주눅이 든 아이였다.

맞벌이를 하던 부모님은 내가 세 살이 되던 해부터 일곱 살 때까지 전라도 시골에 있는 할머니 댁에 나를 맡기셨다. 어린 시절 엄마의 사랑을 그리워하다 부모님의 집으로 돌아온 나는 다시 헤어질까 두려워 늘 불안했다. 할머니의 사랑은 지나칠 만큼 따뜻했고 여전히 감사하지만, 어린 나에게는 엄마, 아빠 품이 더 그립고 애절했을지도 모르겠다.

그러다 부모님을 재미있게 해 드리고 싶어서 노래를 준비하고, 익살 맞은 표정을 지었다. 부모님이 웃으며 칭찬해 주는 것이 좋았다. 그때부터 누군가를 즐겁게 만들고 싶은 마음이 시작되었고, 자연스럽게 유머가 생겨난 것이 아닐까 싶다.

사실 유머라는 것은 겉으로는 그저 웃기고 재미있는 모양새로 보이지만, 그 안을 들여다보면 결핍에서 시작되는 것일지도 모른다는 생각이 든다. 선천적으로 재미있고 유머러스한 사람도 있겠지만, 나처럼 사랑받고 싶은 목마름에 유머가 생긴 사람도 있다.

특이한 행동으로 사람들을 웃기거나, 친구들끼리 있을 때는 곧잘 우스갯소리로 분위기를 이끌었다. 가끔 웃기지도 않는 이야기를 하면 짜증 내던 친구들의 반응까지 관심이라고 생각하며 즐거웠다. 이런 결핍이 결국 '세상과 사람에 대한 관심'으로 옮겨 갔다.

다음은 유머를 가질 수 있는 몇 가지 방법을 소개하고자 한다.

### 진심 어린 소통에 관심을 가져라

그저 재미있게 말하는 몇 가지 방법, 기술적인 몇 가지만 익혀도 만족한다면 그렇게 해도 된다. 그러나 자신이 절실히 전달하고 싶은 이야기가 있고, 무대에서 소통하고 싶은 욕구와 사람들을 잘 만나고 싶은 갈증이 있어야 한다. 그리고 그런 마음이 있어야 배울 수도 있다.

세상에, 사람들에, 나의 마음과 지금 환경에 관심을 가지고 관찰하고 유심히 들여다보자. 놀랍게도 그 속에는 이미 유머의 갖가지 소재들이 넘쳐난다. 여기서 찾아낸 유머의 소재는 시간이 지나면서 자연스럽게 자신만의 색으로 안정감 있게 다듬어 가는 것이 중요하다. 너무 들뜨거나 번잡하지 않게 말이다.

### 유머러스한 사람들과 자주 어울려라

서울의 맛집을 알고 싶으면 맛집을 많이 아는 친구와 한 달만 어울리면 웬만한 맛집은 기본적으로 습득할 수 있다. 몸이 좋아지고 싶으면 운동 좋아하는 친구를 사귀면 된다. 필요에 따라 사람을 만나는 게 쉽지 않고 진정성이 떨어져 보일수 있다. 하지만 인간은 좋아 보이면 따라하는 능력이 있기에 글과 이론보다는 사람과 어울리고 만나면서 자연스레 그 부분들을 닮아갈 수 있다.

내가 닮고 싶은 사람은 부모님이었다. 엄청나게 재미있는 분들은 아니지만 어머니는 늘 장난기가 있었고 이야기하는 것을 좋아했다. 밖에 나갔다 오면 재미있었던 이야기를 들려주셨다. 아버지 역시 그리 웃긴 캐릭터는 아니셨지만 초등학생 때 따라간 아버지의 모임에서 우스갯소리를 하시던 모습이 지금도 생생하다.

### 지성을 키워라

심오하고 깊이 있는 지식까지는 아니더라도 사회 이슈, 정치, 경제, 트렌드, 심리학, 연기 등을 어느 정도 이해하는 지적 수준이 뒷받침 되어야 한다. 개그맨들이나 재미있는 강의로 유명한 강사들을 보면 그들의 유머에는 사회 전반을 빗대는 해학이 들어 있다. 즉흥적인 감각이나 순발력도 중요하지만 흐름에 따른 적절한 유머는 결국 기본 지성이 뒷받침 돼야 하는 것이다.

좋은 유머는 외적 퍼포먼스나 표정에만 머무르지 않고 자기만의 이야기와 색깔 속에서 자연스럽게 묻어난다. 그리고 그런 유머야말로 스피치와 삶에도 득이 되며 확실한 소통의 도구가 된다. 유머의 본래 뜻은 '웃기다, 재미있다'가 아닌 라틴어 '휴먼(Human)'에서 비롯되었다. '흐르다' 또는 '예상치 못한 놀라움'이란 의미를 가지고 있다.

유머는 기술로 접근하고 배우기보다는 사람들과 좋은 흐름으로 만나며 자연스레 변화를 주는 요소라는 점을 명심하자. 흐르는 삶과 이야기, 나만의 느낌을 담은 유머러스한 스피치는 당신의 삶을 변화시킬 것이다.

**Summary**

누군가처럼 웃기는 기술을 배우는 것도 중요하지만, 나의 재미있는 경험을 이야기하면서 자신만의 유머를 만날 수 있다.

# 불분명한 스피치는
# 불분명한 생각에서 나온다

　발성과 발음 교정이 필요하다는 20대 중반의 취준생과의 수업이 있었다. 굳이 스피치 실습을 하지 않고 대화만 잠시 나눴는데 분명하지 않은 발음과 기어들어가는 작은 목소리가 고민이 되겠다는 생각이 들었다. 작은 목소리와 어눌하고 불분명한 발음은 취준생으로서 면접을 준비하거나 직장생활, 사회생활을 하는 데 좋지 않은 영향을 주기 마련이다.

　호흡, 발성, 발음은 스피치에 있어 전달력의 부분이고 지극히 기능적인 부분이기에 다른 여러 말보다는 직접 연습하는 실습이 가장 중요하다. 다음을 함께 연습해 보자.

### • 목소리를 위한 호흡 연습

바른 자세로 서서 두 발을 11자로 하고, 발뒤꿈치에서부터 오금, 골반, 꼬리뼈, 척추 하나하나를 인지하며 바로 세운다. 마지막 목을 지나 뒤통수와 정수리에서 누군가가 그 머리끝을 가볍게 당긴다고 생각하며 몸을 바로 한다. 어깨를 자신감 있게 편다. 이때 어깨에 힘이 너무 많이 들어가서 경직되거나 턱이 많이 들리지 않게 하며 시선은 정면을 바라본다. 목에는 과하게 힘이 들어가지 않도록 한다.

이제 오른손을 가슴에 대고 왼손의 엄지와 검지 사이에 배꼽이 자리하게 한다. 즉 엄지를 뺀 네 손가락을 단전에 자리하게 한다. 이 손은 복식 호흡과 다른 호흡에 대한 센서 역할을 한다. 마음을 편안히 하고 호흡이 차분해지면 코를 사용하는데, 이때 코는 숨이 들어오는 입구이며 거기서부터 명치까지가 입구라고 생각한다.

이어서 배, 옆구리, 허리까지 동그랗게 풍선 같은 튜브가 있다고 생각하고 속으로 하나부터 다섯까지 평균 속도(하나에 1초)로 세며 숨을 채운다. 중간에 끊임없이 이어서 들이마시는 것이다. 이때 처음 흉부와 단전에 올려두었던 손으로 몸의 변화를 감지한다.

그렇게 다섯까지 들이마시고 잠시 (3~4초간) 멈췄다가 내쉴 때는 정면(5~10m 앞에)의 한 지점을 정해 놓고 그 지점으로 가능한 만큼 길게 숨과 '스~' 하는 소리를 보낸다. 이렇게 3~5회 반복하면 회를 거듭할수록 조금씩 익숙해지며 기본적 호흡 훈련과 소리 내기 단련이 된다.

들이마시며 왼손이 자리한 단전과 복부 부근이 아닌 오른손의 흉부에 반응이 온다면 가슴을 주로 쓰는 흉식 호흡이 진행되고 있는 것이다. 가슴에 주로 힘이 가고 소리의 중심이 위로 올라가는 흉식 호흡은 성대에 좋지 않으며 장시간 말하거나 전달하는 사람에게 목과 육체의 피로까지 축적되게 한다.

사람들이 흉식 호흡을 주로 쓰는 경우는 감정적 표현을 하거나 감정에 집중할 때다. 흉식 호흡과 더불어 목에 힘을 많이 주는 목소리를 낸다면, 성대라는 얇은 두 개의 막에 피로를 가중시키고, 무리가 되어 성대부종이나 성대결절 등의 원인이 될 수도 있다.

어깨에 힘이 많이 들어가는 견식 호흡도 주의하며 다시 한번 호흡의 중심이 단전으로 올 수 있도록 한다. 그것은 목소리 사용을 위한 매우 중요한 기초이자 기준이 되기에 지루하고 재미없어도 제대로 꾸준히 잘 연습을 하도록 한다.

- **발성 연습**

발성 연습은 앞서 진행한 호흡 연습과 동일한 방법으로 하되 내쉴 때 호흡과 함께 보내는 '스~'가 아닌 '아~'라는 음절로 소리를 낸다. 목소리 크기는 가장 편안한 상태의 크기부터 시작해서 그것보다 조금 더 큰 소리, 나중엔 최대한 큰 소리로 내본다. 진행 중에 목이 간지럽거나 기침이 나오려고 하면 목소리의 크기를 조금씩 낮추고, 다시 한번 소리의 중심은 단전(복부)이라 생각하고 집중하며 소리를 보낸다.

이때 잘하고 못하고를 판단하거나 눈치 보지 말고 편한 상태로 자신 있게 하는 것이 중요하다. 미지근한 물을 마시며 목에 수분을 공급해 주는 것도 좋다.

발성 연습에 좀 더 집중하고 싶다면 바로 선 상태에서 한쪽 무릎을 골반 부근까지 올리고 누군가가 그 무릎을 밑으로 내려 가게 살짝 힘을 가해 준다. 만약 혼자 연습한다면 무릎을 들고 그 위에 조금 두꺼운 책을 하나 올려놔도 좋다. 연습하는 사람은 '아~' 소리를 낼 때 들고 있는 무릎이 내려가지 않도록 노력하며 소리를 낸다. 2~3줄 가량의 문장을 읽으며 연습해도 좋다.

목소리는 목이라는 최종 통로를 거치지만 이와 같은 훈련을 하면 목소리를 받쳐 주는 하체와 단전에 힘을 주고 집중하게 만들어 힘 있는 소리를 낼 수 있게 해 준다.

● **발음 연습**

다음은 발음이다. 발음은 혀, 턱, 치아라는 기관을 통해 최종적으로 형성된다. 보통 발음에 문제가 있다고 하면 혀, 턱, 치아에 문제가 있을 수 있다. 먼저 그에 문제가 없는지를 진단 받고 시작한다. 그리고 다음의 문장을 읽고 연습을 한다.

빠르고 바쁘게 할 것 없이 천천히 하면 된다. 소리는 발성 연습 때처럼 앞으로 보낸다 생각하고 또렷하게 내려고 노력하는 것이 중요하다. 우선 눈으로 읽고 이어서 소리 내서 읽어 보자.

▸ 신진 샹송 가수의 신춘 샹송 쇼우
▸ 서울특별시 특허허가과 허가과장 허과장
▸ 상표 붙인 큰 깡통은 깐 깡통인가? 안 깐 깡통인가?
▸ 저기 저 뜀틀이 내가 뛸 뜀틀인가? 내가 안 뛸 뜀틀인가?
▸ 한영 양장점 옆에 한양 양장점, 한양 양장점 옆에 한영 양장점
▸ 앞집 팥죽은 붉은 팥 풋팥죽이고, 뒷집 콩죽은 햇콩 단콩 콩죽이고, 우리 집 깨죽은 검은깨 깨죽인데, 사람들은 햇콩 단콩 콩죽 깨죽 죽 먹기를 싫어하더라.
▸ 챠프포토트킨과 치스챠코프트는 라흐마니노프의 피아노 콘체르토의 선율이 흐르는 영화 파워트웨이트를 보면서 켄터키 후라이드 치킨, 포테이토칩, 파파야 등을 포식하였다.

> ▸ 얄리 얄리 얄라셩 얄라리 얄리 에헤야 얼라리야 열라리 난다. 에헤야 가시리 가시리 잇고 바라고 가시리 잇고, 날러는 엇디 살리라고 바리고 가시리 잇고. 갑샤와 두어라 만나단 션하면 아니올새라. 셜 온님 보내옵나니 가시난닷 됴셔 오셔셔

① '아' 모양으로 입을 크게 벌려 턱이 이완될 수 있도록 한다.
② 혀를 입 안에서 앞니 앞쪽으로 하여 시계 방향으로 크게 원을 그리듯 다섯 바퀴를 돌린다.
③ 다시 반대 방향으로 다섯 번 돌린다. 평소 혀나 혀와 연결된 근육이 뭉쳐 있을수록 약간의 통증이 있을 수 있으나 천천히 꾸준히 반복하면 나아지는 것을 느낄 수 있다.
④ 발음을 좀 더 또렷하게 하고 싶다면 앞 치아 끝에 종이를 물고 처음부터 끝까지 읽어본 뒤 다시 읽어 보자. 앞니에 종이를 물고 발음하는 것은 혀, 턱, 치아의 발음 만들기(조음) 활동에 의도적 장애를 주어 종이를 물고 연습하다가 종이를 빼서 발음하면 발음이 명확해지는 것을 볼 수 있다.
⑤ 이것은 연습이다. 발음 연습을 할 때는 평소보다 좀 더 과장된 연습으로 보다 또렷하게 발음 관련 기관들을 풀어 주자.

수업에서 만난 그는 앞의 내용을 반복적으로 연습했다. 그러나 연습의 결과는 더뎠다. 우리의 발성과 발음은 기능적 훈련이 분명 필요하지만 의식이나 생각에 영향을 많이 받는다. 세계적 보이스 트레이너인 크리스틴 링클레이터는 다음과 같이 말했다.

"불분명한 발음은 불분명한 의식에서 시작된다."

그 사람의 생각이 분명하지 않고 목표성이 또렷하지 않으면 목소리도 발음도 흐지부지되거나 힘없이 나올 확률이 높은 것이다.

"혹시 지금까지 몇 번의 면접을 봤어요?"

"세 번 정도요."

"어떤 분야의 어떤 회사에 지원했나요?"

그렇게 이어진 이야기에서 발견한 것은, 면접 내용 중 일부는 정리가 되지 않거나 의지가 거의 없었다는 점이었다. 세 번이면 세 번 봤다고 하면 되는데 "세 번 정도요"라는 표현에 그 실마리가 있었다.

모든 생각을 또렷이 할 수 있냐는 반문을 가질 수 있는데, 힘없는 발성과 발음을 가진 사람일수록 평소에도 자신의 생각, 원하는 것을 분명히 하라는 얘기를 하고 싶다.

그는 부모님 말씀을 잘 듣는 착한 사람으로 자라면서 자신이 추구하는 것보다는 부모님의 기대에 부응하기 위한 학창시절을 보냈다. 취업을 앞둔 지금도 누군가의 기대에 부응하려는 마음 때문에 자신의 주관과 생각은 늘 뒷전이 된 것이다.

'보이스(Voice)'라는 말의 근간이 되는 단어는 '보케이션(Vocation)'으로 천직 또는 사명을 뜻하는 말에서 비롯되었다. 일반적으로 자신이 원하는 것이 또렷하고 가슴 뛰는 삶을 살 때 그 사람만의 힘 있는 목소리도 함께 나올 수 있다.

차근차근 처음부터 다시 시작했다. 어떤 색을 좋아하는지, 어떤 음식을 좋아하는지, 진짜 하고 싶은 것은 무엇인지, 왜 그걸 하고 싶은지, 무엇에 화가 나고 무엇을 가장 즐거워하며 좋아하는지 말이다. 쉽지 않은 시간이었지만 자신을 찾는 것에 집중하며 그가 원하는 분야도, 자신의 목소리도 찾을 수 있었다.

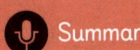
**Summary**
스피치는 호흡, 발성, 발음이라는 기능적 요소와 또렷하고 분명한 생각과 자신감이라는 의식적 요소의 균형이 필요하다. 심지어 문장 읽기를 할 때도 그 문장을 분명히 잘 전달하겠다는 의식과 의지를 가져야 한다. 나에게 필요한 것이 발성, 발음 향상을 위한 기능 훈련인지 아니면 의식과 생각을 바로 세우는 것인지를 분명히 알아야 한다.

# 지적해 줄 사람이
있나요

오십대 중반의 기업 대표와 첫 수업이 있던 날, 인사를 나누고 평소처럼 늘 하는 질문을 던졌다.

"무엇이 좋아지고 싶고 어떤 부분을 개선하고 싶으세요?"

"그걸 모르겠어요."

"그럼 함께 찾아보시죠. 진행하면서 발견하고 또 알게 될 겁니다."

"예전에는 그래도 사람들이 저에게 '이렇게 하면 좋겠다', '이런 부분을 고치면 좋겠다' 이야기를 좀 해 줬던 것 같아요. 그때는 참 듣기 싫었는데, 지금은 오히려 듣고 싶어요. 사회적인 지위도 어느 정도 올라가고 나이도 좀 들어가다 보니 이젠 주변에서 지적을 잘 안 해 주네요. 분명히 내가 모르는 고쳐야 할 것들이 참 많을 텐데, 선생님께서 많이 발견해 주시고 가르침을 주시길 바랍니다."

회사의 대표로 기업을 운영하다 보면 경험도 많고 아는 것도 많을 것이다. 그러다 보니 다른 사람이 조언을 건네는 것이 쉽지 않다. 때론 가족이나 가까운 참모 같은 사람이 그런 역할을 해 주면 좋겠지만, 누군가에게 지적을 받는 것에 불편한 기색을 나타낸다면 아무도 이야기하려 들지 않을 것이다.

가끔 회사 임원들이나 강사, 교수, 정치가의 코칭을 하다 보면 앞선 대표와 같은 말을 하는 경우가 상당히 많다. 막상 이런저런 이야기를 듣다 보면, 받아들이고 이해하는 데 있어서 시간과 에너지가 많이 쓰이는 경우가 더러 있다. 특히 지위나 직위가 높아지고 성과를 내는 사람들은 더 이상 누군가에게 코칭이나 지적을 받거나 그것을 받아들이는 것을 어려워하는 경우를 많이 봤다.

하지만 지적을 받고 받아들이는 것은 중요하다. 특히 나를 잘 아는 사람이 지적이나 조언을 해 주는 것은 살아가면서 굉장한 선물이다. 물론 맹목적이고 배려 없는 무분별한 잔소리가 아닌 진심에서 우러나오는 지적과 조언을 말한다.

지적이라는 말은 사전적으로는 '가리켜 들추다'라는 뜻을 가지고 있다. 잘못된 부분을 누군가가 가리키고 들추어 직면하게 만드는 것이다. 그것은 새로운 것을 익히고 습득하는 배움과는 또 다르게 스스로를 알고 성장하게 만드는 원동력이 된다.

가끔 '혼난다'는 표현을 쓰기도 하는데, 그것은 말 그대로 '강하게 알리어 잠시 그 사람의 혼이 나갈 정도로 정신 차리게 한다'는 뜻이다. 물론 지적받고 혼난다고 하더라도 사람이 완전히 바뀌는 것은 어려운 일이다. 그러나 이를 계기로 스스로를 일깨우고 개선할 수 있다. 나에게 그런 시기는 연구소 생활을 마치고 혼자 아카데미를 만들고 난 후였다.

독립하면서 가장 불안했던 것은 '선생님'이라고 하는 울타리 없이 오직 내 이름만으로 과연 잘할 수 있을까 하는 두려움이었다. 선생님의 도움 없이 나 자신을 돌아보고 스스로를 지적해야 하는 것이 두려웠던 것이다. 선생님과 같이 있을 때는 그렇게 듣기 싫던 지적들이 막상 독립을 하고 보니 그립기도 하고 아쉽기도 했다.

그래서 나를 잘 알고 있는 친구 두 명에게 이러한 고민을 털어 놨고, 친구들은 고맙게도 나의 고민을 이해하고 조심스레 나에게 지적을 해 주기 시작했다. 정확히는 본인들이 느끼는 나의 요즘 모습, 표정, 대화하고 말할 때의 느낌 등을 이야기해 주었다.

"좀 여유를 가졌으면 좋겠어. 독립하고 불안해서 그런지 사람이 경직되고 힘이 너무 많이 들어간 것 같아", "다른 사람 이야기를 잘 듣고 얘기했으면 좋겠어. 항상 할 말이 장전된 사람 같아", "공부를 좀 더 해서 실질적 지식을 쌓는 게 필요할 듯해. 그럼 네가 더 성장하지 않을까?", "말보다 행동이 앞섰으면 좋겠어. 말이 많이 발달한 사람이라 말을 좀 아끼는 것도 좋을 듯해" 등 오랫동안 봐 온 친구들이다 보니 생각보다 임팩트 있고 구체적인 이야기들을 들을 수 있었다.

막상 이야기를 들으면서 스트레스를 받고 속상하기도 했지만, 스스로 노력하지 않고 개선하지 않으면서 누군가에게 코칭하고 강의한다는 것은 앞뒤가 맞지 않는 일이라는 생각이 든다. 그래서 그들의 지적을 하나하나 소중히 받아들이고 개선하기 위해 노력했다. 그 친구들과의 만남 이후, 미루던 대학원에 입학하고 일 년에 두세 번씩은 연기 수업 등 나에게 필요한 수업을 받으며 또 다른 새로움을 수혈 받았다.

이처럼 진심 어린 지적을 듣고 스스로를 개선할 수 있다는 것만으로도 선물이자 감사한 일이다.

 **Summary**
나의 말하기 선생님은 주변에 있을지도 모른다. 마음을 열고 나를 잘 아는 사람에게 예의 있게 물어보면 그들은 내가 발전할 수 있는 부분을 잘 알고 있을 것이다.

# ❝ 외모의 청결도 대화에 포함된다

### 서른에 처음 받아 본 바디로션과 코털깎이

30대 초반, 연극배우 생활을 하다 교육연구소에 들어가서 처음 담당한 일은 강사이자 교육 연구소 대표님의 차량 운전을 하는 일이었다. 운전도 하고 일정도 관리하는 로드매니저 겸 운영 실장을 동시에 했는데, 그러다 보니 전국을 다니며 강의하는 선생님과 한 달에 20일 이상은 동행했고, 가끔 그 외에도 함께하는 시간이 많았다. 무엇보다 감사했던 일은 입사 후 3개월 만에 연구소 공식 수업을 할 수 있게 되어 강사로서의 꿈도 키우고 경제적 수입도 두 배 가까이 늘었다는 것이었다. 수업 기수가 거듭될수록 나를 선생님이라 부르는 분들도 많아졌고, 감사한 나날이 이어졌다.

그렇게 8개월 정도가 지났을 무렵, 선생님께서 "얼마 전에 생일이었죠? 필요한 걸 사 주면 좋을 듯해서 준비했어요" 하며 쇼핑백 하나를 주셨다. 감사한 마음으로 열어 본 박스에는 고급 바디로션과 전동 코털깎이가 들어 있었다. 처음 보는 물건들은 아니었지만, 그때까지만 해도 한 번도 직접 구매한 적은 없는 물건들이었다. 많은 선물 중 왜 이것들이었을까?

"창균 씨가 원래 열정적이라서 땀이 좀 많은 편이잖아요. 샤워하고 몸에 바르면 기분도 좋고 향기도 좋고 꽤 쓸 만할 거에요. 그리고 사람들이 생각보다 코털이 삐져나오는 걸 몰라요. 창균 씨는 나랑 같이 다니기도 하지만, 이제 제자들도 생기는 엄연한 강사님이니 이런 데 더 신경 써야죠. 말하는 사람에게 땀 냄새가 심하게 나거나 코털이 삐져나와 있으면 아무래도 그 사람의 말에 신뢰도나 호감이 떨어지고, 집중하기도 어렵겠죠."

사실 처음엔 유쾌하진 않았지만, 지극히 필요한 선물이었다. 무엇보다 아무도 말해 주지 않은 사실을 선생님 덕분에 품격 있는 방식으로 듣게 됐다. 비단 강사나 강사 지망생만의 이야기가 아니다. 몸에서 불쾌한 냄새가 안 나도록 하고 코털과 귀털을 깔끔하게 면도하는 건 청결함이자 사회생활과 인간관계의 매너, 자기 관리의 기본이다.

### 양치 세트와 가글이 준비되어 있는 사람

만약 어떤 사람이 아무리 좋고 의미 있는 말을 하더라도 입 냄새가 난다면 어떨까? 무엇보다 문제는 입 냄새를 포함하여 상대에게 냄새가 날 때 대부분의 사람들은 분위기가 나빠질까 봐 그 사실을 알려주지 않는다는 점이다. 그래서 사람들은 자신에게 그런 냄새가 나는지 모르는 경우가 많다.

절친한 친구 중에 마음이 정말 잘 맞고 속 깊은 대화를 잘 나누는 친구가 있는데, 그 친구는 흡연을 하고 양치는 잘하지 않았다. 어떤 방식으로 말할까 고민하다가, 우선 좋은 양치 세트와 가글을 준비했다. 그리고 친구와 식사 후 이렇게 말했다.

"나도 예전에 이런 선물을 받은 적 있는데, 이런 선물은 사실 받기도 주기도 쉽지 않더라고. 오해하진 않았으면 좋겠고, 그냥 치아도 청결도 깔끔하게 잘 챙기자는 의미에서 준비했어. 가는 길에 버리지만 말고 잘 받아 주길 바란다."

다행히 친구는 고마워하며 잘 받아 주었다.

성인이 되고 사회생활 하면서 바쁘다 보면 이런 관리에 소홀해지는 경우도 적지 않으니 신경 써야 한다. 특히 영업이나 상담 등 사람과 근거리에서 스몰토크할 기회가 많은 사람들은 꼭 챙겨야 할 부분이다. 양치 세트와 가글용품 준비와 함께 차 안에 과일향 캔디 하나 정도 놓아 두는 것도 추천한다.

### 섬유탈취제와 적당한 향수는 좋은 이미지 메이커

고깃집이나 음식 냄새가 강한 식당의 계산대 앞에는 늘 섬유탈취제가 놓여 있다. 소재에 따라 조금씩 다르지만 섬유에는 보통 냄새가 잘 밴다. 겨울처럼 코트나 점퍼, 니트, 목도리, 모자, 장갑까지 많은 의상을 입어야 하는 계절에는 더욱 신경쓰는 게 좋다. 음식점에 함께 있었던 사람들이나 본인은 잘 모르지만, 옷에는 내가 있었던 곳의 냄새가 생각보다 깊게 남는다. 주머니나 가방에 챙기기 좋은 작은 섬유탈취제 하나쯤 준비하면 냄새로 인한 이미지 손실을 볼 일이 줄어들 것이다.

향수의 경우 자칫 잘못 뿌리거나 호불호가 강한 향은 조심해야 한다. 다만, 그 사람의 느낌에 맞는 상쾌하고 은은한 향수는 그 사람의 격을 올려준다. 물론 향수 없이 섬유 유연제나 섬유탈취제의 향만으로 자연스럽고 깔끔한 연출도 가능하지만, 잘 고른 향수는 이미지 관리에 특히 도움을 준다. 바로 구입하지 않더라도 쇼핑몰이나 화장품 종합 판매점에 가서 이 향 저 향 테스트해 보자. 사용하지 않던 사람은 처음엔 조금 어색할 수 있지만, 향기에 관심 가져서 나쁠 건 없을 것이다.

### 나에게 맞는 의상과 손수건 하나쯤 챙기는 센스

자신에게 어울리는 스타일을 아는 것도 능력이다. 피부와 머리카

락 톤에 맞는 니트와 티셔츠, 나에게 어울리고 감각적인 패션은 또 다른 의미의 말하기와 같다. 간혹 비싸고 화려한 명품, 특히 브랜드 로고가 도드라지는 의상을 입는 게 옷을 잘 입는 거라고 착각하는 사람이 있는데 절대 아니다. 저렴한 브랜드, 심지어 마트 쇼핑몰에서도 충분히 깔끔하고 신뢰감 주는 옷을 사 입을 수 있다. 유튜브나 포털 사이트에서 남자 코디, 여자 코디, 직업별·연령별·성별·계절별 스타일을 쉽게 참고할 수 있다.

이에 더해 자신이 사용할 수도 있고, 때론 다른 사람을 위해 꺼낼 수 있는 손수건 하나쯤 준비해 두는 것도 좋다. 이렇듯 나에게 맞는 깔끔한 의상과 작은 준비성 하나가 말하기도 전에 상대방에게 신뢰와 호감을 줄 수 있다.

 **Summary**

외모에 과도하게 집착하는 건 문제다. 하지만 꽃미남 꽃미녀는 아니더라도 외모가 깔끔한 사람과, 관리도 안 하고 푸석푸석해 보이는 사람 중 누구의 말에 더 귀 기울이게 될까? 외모도 결국 또 다른 형태의 말하기다.

## 말을 잘하려 하지 말고
## 잘할 수 있는 말부터 시작하라

    같은 말이라도 좀 더 멋있고 감동적으로 하고 싶다던 그 청년은 수업 시간에 늘 먼저 손 들고 발표하는 열정과 자신감이 있었다. 목소리도 나쁘지 않았고 언제나 성실히 준비하고 노력하는 모습이 모범이 되었다.

    사실 그 정도도 충분하였지만 아쉬운 점이 있었다. 그의 준비와 노력에 비해 진정성과 자연스러움이 떨어지는 것이었다. 준비한 원고를 외우고, 공식을 잘 지킨 느낌은 주지만 인간적인 매력과 감동은 주지 못했다. 오직 말을 잘하려는 목표 때문에 자신의 진짜 이야기보다 다른 사람들을 따라하며 나이보다 무겁고 거창한 주제를 던지는 것이 문제였다.

나이라는 잣대로 편을 가르거나 세대를 나누자는 것이 아니다. 단지 나이에 맞는 느낌과 주제를 선택하고 이야기하는 것이 가장 자연스럽고 말을 잘할 수 있는 첫 걸음인데, 그는 '삶의 의미에 관하여'라든지 비유법이나 수사학에서나 다루는 거창한 것들을 시도하며 열심히는 하지만 듣는 사람들이 부담스러움을 느끼게 만드는 것이었다.

"세상 모든 운동에는 대표적인 두 포인트가 있어요. 바로 바른 자세와 불필요한 힘을 빼는 것이죠. 당신은 자세는 좋은데 잘하려는 욕심이 앞서 힘이 너무 많이 들어가 있어요. 조금 다른 이야기지만 여자친구와 데이트를 한다고 해 봅시다. 여자친구를 위해 데이트 코스를 준비했지만 여자친구와 함께하는 시간의 소중함보다 데이트 코스 자체에만 집착한다든지, 여자친구의 반응만 살피다가는 결코 좋은 데이트가 될 수 없을 거예요. 좋은 마음, 좋은 자세로 준비했다면 설사 데이트 코스가 생각대로 안 되더라도, 여자친구의 반응이 기대보다 덜 하더라도 데이트를 즐겁게 즐기는 게 필요하겠죠."

그래서 처음부터 다시 시작했다. 본인의 마음과 일상, 과거의 사사로운 경험에서 출발하는 '잘할 수 있는 스피치'를 해 보는 것이었다. 먼저 스피치를 왜 잘하고 싶은지가 첫 번째 주제였다.

"일단 멋있고 인정받을 수 있고 대단해 보이잖아요. 말을 잘하려고 하는 것이 그런 이유 아닌가요?"

"좋아요. 그렇다면 왜 인정받고 싶고 대단해 보이고 싶죠?"

"네? 그래야 멋있고 좋은 거니까요."

청년의 말처럼 누군가에게 잘 보이고 멋지게 보이면 좋은 점이 많다. 인정받는 것도 분명 좋은 것이다. 그러나 그것이 스피치의 첫 번째 목표가 되는 순간 자기다움은 밀려버린다. 무엇보다 나답지 못한 꾸밈과 형식이 앞선 모습 때문에 매력 없는 말하기와 목소리가 된다. 잘하려다 실수라도 하게 되면 자신감도 잃고 말하기도 싫어질 것이다.

"혹시 잘 보이고 싶거나 꼭 대단한 사람이 되겠다는 마음을 먹게 만든 일이나 사람이 있었나요?"

"고등학교 때부터 함께 어울리던 친구들이 있었어요. 친하고 의리도 있었죠. 지금도 간간히 만나고 연락하는데, 유독 저랑 친했던 친구 한 명이 자신의 분야에서 길을 잘 닦고, 책도 쓰고 사회적으로도 인정받는 모습을 봤습니다. 바쁘게 지내더라구요. 그래서 그 녀석과는 점차 연락도 뜸해지고… 여전히 방황하며 길을 찾고 있는 지금의 나는 그 친구에게 질투도 나고 이기고 싶다는 마음도 생기더군요. 솔직히 서울에 있는 대학에 진학한 내가 대학을 못 간 그 친구보다 대단하다 자부했는데, 지금은 제가 뒤처지고 인정받지 못하는 것 같아 얼른 그 친구보다 더 잘 나가야 한다는 마음이 앞서게 된 것 같아요."

지금 이 순간 청년의 말과 목소리가 진짜였다. 열정도 좋고 의지도 좋지만, 건강하지 못한 열정과 의지는 자신은 물론 주변 사람들까지도 피곤하게 만든다. 따뜻하면 함께하지만 뜨거우면 멀리하고 달아나는 것이다.

잘할 수 있는 말이란 내 몸을 통과한 말이다. 오랜 시간 관심을 가졌거나 해왔던 일, 감동을 받았거나 변화가 있었던 시기, 묵직한 깨달음이나 가슴 한 켠을 울린 이야기 속 마음과 감정의 상태를 이야기할 때 내가 가장 잘할 수 있는 말을 할 수 있다.

 Summary

말을 잘하기 이전에 스스로 1분 이상은 말할 수 있겠다 싶은 주제를 찾아보자. 살아가면서 오랜 시간 집중하고 관심을 가졌던 대상이나 현재의 마음, 인상 깊었던 사건 등 그 어떤 것이라도 좋다. 그러다 보면 1분, 10분 때론 한 시간도 부족한 이야기가 내 안에 있다는 것을 확인할 수 있다. 잘할 수 있는 말에 집중할 때 자연스러운 말과 재미까지도 만날 것이다.

**표현력 업그레이드**

# 잘할 수 있는 말, 나다움의 스피치

> **• 삶에서 가장 집중하고 많은 노력을 해 본 것에 대한 스피치**
>
> 나이나 성과에 상관없이 지금껏 살아오며 가장 오랜 시간 정신과 마음, 때론 물질적 노력을 들인 이야기를 해 보자. 오랜 시간을 투자했다는 것은 내가 살아온 시간과 경험이 농도 짙게 들어 있다는 것이다. 누군가에겐 꿈을 꾸고 소망을 가지고 노력하며 살았던 시간이 될 수도 있고, 누군가에겐 사랑했던 기억이 될 수도 있고, 사람에 따라 다양한 일들이 있을 수 있다. 이런 주제로 이야기를 시작하면, 주어진 원고 없이도 5~10분 그 이상도 거뜬히 이야기할 수 있다. 무언가를 만들기 전에 내가 가장 잘할 수 있는 말로 나다운 스피치의 길을 내줄 필요가 있다. 그 길이 내 안의 다양한 것들을 유연하게 꺼낼 수 있도록 만든다.

- **일상에서 깊은 울림과 진동을 느낀 것에 대한 스피치**

최근 마음을 가장 많이 차지하고 있거나 가장 인상 깊었던 일, 가장 기억에 남는 일에 대한 이야기를 해 보자. 시간은 짧으면 2분, 길면 5분 정도로 진행하며 특별한 법칙이나 원칙 없이 내 마음에 가장 큰 진동이 있었던 일을 말하고 공유하는 것이다. 오늘 당장 있었던 일도 좋고 며칠 전, 몇 주 전, 길게는 몇 달 전도 상관없다. 중요한 것은 인상 깊었던 그 일에 대해 집중하는 것이다. 누구의 눈치를 볼 필요도 없고, 내 마음과 생각 그리고 느낌에 충실하면 된다. 만일 듣는 사람들이 있다면 이러한 이야기를 들어 주고, 잘 들었다고 진심으로 말해 주는 분위기와 따뜻함만이 필요하다. 일상 속 진동 스피치는 가장 기초적이면서도 가장 나다운 스피치를 할 수 있는 초석이다.

### • 추억의 음악과 그 속의 이야기 스피치

학창 시절 혹은 과거에 가장 기억에 남는 나만의 음악은 무엇인가? 혹은 나만의 사연이 들어 있는 특별한 음악은 무엇인가? 그 음악과 음악 속에 담긴 이야기를 주제로 스피치해 보자. 어떤 사람은 돌아가신 아버지가 가장 좋아했던 노래에 얽힌 이야기로 스피치했다. 또 어떤 사람은 중학생 때 만난 첫 사랑에 얽힌 이야기를 하기도 했다. 힘들 때마다 힘이 되었던 조용필 님의 〈꿈〉이란 노래와 꿈을 이루기 위해 살아온 삶의 이야기를 들려준 사람도 있었다. 음악을 1~2분간 듣고 그 뒤에는 볼륨을 좀 줄인 뒤 스피치를 시작하고 그 음악은 배경음으로 계속 흐르게 두자. 마치 한 명의 배우가 세상 하나밖에 없는 자신만의 공연을 하듯 나만의 이야기가 담긴 스피치 연습을 할 수 있는 방법이다.

Part
03

# 나와 세상을 연결하는 말하기

# 대화에도 연결잭이
# 필요하다

　5년 만에 노트북을 새로 샀다. 그새 노트북이 이렇게 많이 바뀌었던가? 웬만한 공책만큼 얇고 세련된 디자인에 빠른 속도와 새로운 어플까지, 사용할 줄은 몰라도 차차 배워갈 생각을 하니 그저 신난다. 이처럼 가끔 전자 기기를 신제품으로 바꾸는 건 은근히 큰 일상의 즐거움이자 원동력이다.

　그런데 문제가 생겼다. 기존 외장하드에서 필요한 파일을 옮기려는데 기존 연결선의 잭과 새 노트북의 연결 단자가 달랐다. 휴대폰을 연결할 때도 마찬가지였다. 예전에 쓰던 노트북은 USB와 HDMI 단자뿐이었는데, 지금은 대부분의 노트북과 관련 기기들에서 C타입, 8핀 혹은 마이크로 5핀을 주로 사용한다. 이미 대중화되었기에

철 지난 뒷북이었을지 모르지만, 당시에는 적잖이 당황스럽고 번거로운 일이었다. 따라서 이전 기기와 새로운 기기의 입출력 단자를 모두 갖고 있어 둘을 이어 주는 '연결잭' 혹은 '젠더잭'이 필요했다.

마찬가지로 세대 간에도, 사람 간에도 연결잭이 있다면 행여 서로 다를지라도 소통할 수 있다. 서로 공통점이 많거나 잘 맞는 것도 좋지만, 서로 달라도 잘 연결될 수 있는 힘이 진정한 소통이다. 지금의 40대는 20대와 대화하기 쉽지 않다. 10대와의 대화는 더 어렵다. 필요한 말이나 형식적인 대화는 가능하지만, 마음이 통하는 대화는 외국인이나 심지어 외계인과 대화하는 것만큼 어렵다고까지 할 정도다.

대화 젠더의 첫 번째는 '트렌드와 문화에 대한 관심'이다. 대화의 기술을 몇 가지 익히는 것도 중요하지만, 그렇다고 줄임말 몇 개, 유행어 몇 개 외워서 어설프게 접근하면 안타깝게도 어른 소리를 듣게 된다. 폭넓고 연결되는 대화를 하려면 그 세대가 열광하고 좋아하는 트렌드와 문화를 알아야 한다. 세대가 다르기에 모든 걸 다 알고 이해할 수 없지만, 그 세대가 무엇을 즐겨 듣고 즐겨 찾고 열광하는지, 왜 그런 것인지에 대한 깊은 관심이 필요하다.

서태지와아이들, 듀스, 넥스트, REF, 언타이틀, 이후에는 HOT, 젝스키스, 핑클, SES 정도가 필자의 학창 시절 좋아했던 가수들이다. 아주 최근 아티스트는 빅뱅 정도? 그렇다면 지금의 10대가 열광하는 가수는 누구일까? 20대가 좋아하는 가수는? 굳이 하나하나 열거하지 않아도, 궁금하다면 유명 음악 어플이나 검색창, 유튜브를 통해 바로 찾을 수 있다. 반대로 10대 아이돌 가수들이 30년 전 유행했던 노래를 리메이크한 곡들은 세대를 연결해 주는 긍정적 역할을 한다.

나의 경우 초등학생인 아이들과 소통하기 위해 아이들이 즐겨보는 유튜브 채널을 함께 보고 즐긴다. 처음엔 나와 전혀 맞지도 않고 재미도 없었지만, 함께 보면서 물어보고 웃고 떠들다 보니 어느새 아이들과 같이 있는 시간이 많아졌다.

20대 등 젊은 친구들이 즐겨 찾는 성수동, 문래동 등 각 지역의 소위 '핫플'을 가보면 굳이 소통을 위한 노력을 떠나 덩달아 재미있다. '빵지순례'라 불리는 빵 맛집 투어부터 퓨전 음식점, 포토스팟, 패션을 체험하고, 카페 옆테이블에서 나누는 대화를 들어 보는 그 모든 것이 소통 공부다. 나들이 나갈 겸 가끔 그렇게 즐기고 느끼며 세대를 배운다.

반대로 10대나 20대라면 지금의 30대, 40대 부모님 세대가 좋아하는 문화에 관심을 가지고, 남성은 여성에게, 여성은 남성에게, 아내는 남편에게, 남편은 아내에게 서로의 관심사와 취향, 최근의 마음 상태를 궁금해하며 때로 그에 맞는 작은 선물을 하는 등 신경 써주는 것이 결국 연결되는 대화를 만든다.

이런 노력과 더불어 세대 간 차이를 당연하고 자연스러운 흐름으로 받아들이는 마음의 공간이 필요하다. 관심을 가지고 이해하는 것도 필요하지만, 모두 다 이해하기 어려운 그 시절 그들만의 트렌드와 낭만도 있다. 장발 단속이 있었음에도 굳이 장발을 하고 다녔던 70년대의 남성들, 곧 벗겨질 듯 내려 입은 80년대 힙합바지, 형형색색 물들인 머리부터 알아듣기 어려운 노래 가사와 말도 안되는 줄임말, 유행어들까지. 세상에는 내 생각과 매우 다르고 때론 틀려 보이는 것들이 다양하게 존재함을 인정하는 것, 그것이 세대 간의 벽이나 장애물이 아니라 그저 인류 진화의 흐름이자 자연의 이치임을 말랑말랑한 머리로 수용하는 것에서 대화의 젠더가 만들어진다.

**Summary**

지금 나에게 필요한 소통의 연결책은 무엇일까? 차분히 생각해 보고 작은 실천이라도 해 보자. 말로만 소통을 외칠 게 아니라, 소통하고픈 대상의 관심사와 문화를 실질적으로 궁금해하고 마음을 좀 더 깊이 바라볼 수 있는 정성과 노력이 있어야 한다.

# 대신 화내 주기의 힘

운전 중 화를 유독 많이 내는 사람들을 대상으로 흥미로운 실험을 했다. 화를 잘 내는 사람의 옆 조수석에는 아내나 친구가 함께 동승했고, 운전 중 의도적으로 갑자기 끼어들거나 앞차가 급정거하는 등의 화날 만한 상황을 연출했다. 화가 난 사람에게 어떻게 말하면 비교적 유연하게 감정을 조절할 수 있는지에 대한 실험이었다.

A 그룹은 화낼 때 옆에서 "당신이 참아(친구의 경우 다른 호칭으로)", "너그럽게 이해하자" 등의 말로 감정을 회유했고, B 그룹은 "왜 그렇게 화를 내!", "뭐 그런 것 가지고 그래?", "이 정도 그릇밖에 안 돼?" 등 다그치며 지적하는 표현을 썼다. 마지막 C 그룹은 운전자가 화난 순간 "저 차 뭐하는 거야!", "운전 진짜 이상하게 하네", "내가 다 열받

네, 진짜" 등의 말로 함께 화를 냈다. 실험 결과, A 그룹의 말에는 약간의 효과는 있었지만 화를 가라앉히는 데 큰 효과는 없었고, B 그룹처럼 다그치는 건 최악으로 오히려 운전자와 동승자가 다투는 상황까지 벌어졌다. 화가 가장 빠르고 효과적으로 가라앉은 경우는 C 그룹처럼 회유하거나 가르치기 이전에 공감하고 함께하는 말을 해 줄 때였다.

좀 더 일상적인 얘기로 들어가 보자. 오늘 회사에서 상사의 황당하고 예의 없는 말과 행동에 당신은 너무 화가 났다. 그래서 저녁에 친구를 만나 오늘 화났던 일을 이야기했다. 그러자 그 친구가 말한다.

"그 사람 진짜 이상하다. 뭐 그런 인간이 다 있냐? 내가 다 열받는다, 후…"

상황과 사람에 따라 일부 차이는 있겠지만, 당신의 감정은 꽤 빠르게 안정을 찾는다. 놀라운 건 친구가 거창한 말이나 학식으로 해결책을 제시한 것도 아니었다는 점이다. 그저 내 말을 진심으로 잘 들어주고 공감해 주었을 뿐인데 몸과 마음이 한결 괜찮아졌다.

화가 났다는 건 극도로 감정적인 상태로, 심박수와 체온은 올라가고 신체 방어 체계가 가동된다. 즉, 겉으로는 공격적이지만 신체적으로는 자신을 보호하려는 최선의 상태가 된다. 그 상태에서 당신은 상대의 말과 태도라는 시청각적 정보를 통해 계속 이 방어 체계를 유지할지, 무장 해제할지 판단한다. 그리고 진심 어린 공감은 무장 해제의 방향으로 감정을 인도한다. 만일 친구가 "네가 참아야지", "네가 좀 잘하지 그랬어?", "화낸다고 뭐가 해결되냐?" 등의 말을 했다면 내 감정은 어땠을까? 앞선 실험처럼 친구와 이차적인 다툼이 생겼을 수도 있다.

우리는 누군가 화가 났거나 문제가 생겼을 때, 상대를 생각한다는 이유로 더 나은 방향이나 해결책을 알려 주려 한다. 그러나 대화의 근본은 바로 '공감'이다. 물론 수업 시간, 업무 시간처럼 객관적 대화의 상황에서는 상대가 직접적인 해결책을 원할 경우 컨설팅처럼 논리적 이야기도 필요할 수 있다. 하지만 친구와 가족 간 일상의 대화에서 전문 컨설턴트식 말하기를 원하는 사람은 없다. 이성적인 이야기는 공감이 먼저 이뤄진 이후에 상대가 원하거나 분위기가 차분해지고 나서 하면 된다. 단, 억지스럽지 않게 진심으로 상대의 감정을 헤아리고 잘 들어주는 것이 무엇보다 중요하다.

 **Summary**

소통에서는 객관적으로 맞는 말보다 마음을 알아주는 말이 중요하다. 행여 그 사람의 행동이나 말이 객관적으로는 조금 이해되지 않더라도, 지금 그 사람의 상황과 감정에 대해 좀 더 이해하고 존중하는 말을 건네 보자. 누구든 이것저것 가르치려는 엄격한 선생님보다 마음의 교감이 가능한 따뜻한 친구를 원한다.

> ## 좋은 마음도 이기적이고
> ## 일방적일 수 있다

한번은 부산에서 장인어른, 장모님이 남양주에 있는 우리집에 나들이를 오셨다. 먼 길을 오시는 것 자체로도 너무 반가운 일이었지만, 25년 전 뇌졸중으로 이동이 편하지 않으신 데다가 지금은 완치되셨지만 대장암까지 겪으신 장인어른, 건강에 이상 신호가 와 부쩍 몸을 챙기셔야 하는 장모님이 2년 만에 오시는 것이기에 둘째 사위인 나로서는 어떻게든 잘 모시고 싶은 생각이 굴뚝 같았다.

그래서 우선 모시고 갈 식당부터 알아봤다. 오랫동안 몸이 편찮으셨고 연세도 있으시다 보니 아무래도 건강한 식당을 먼저 생각했다. 인터넷과 SNS 검색을 총동원해서 집에서 비교적 가까우면서도 풍경이 좋고, 유기농 혹은 직접 기른 재료를 쓰는 한정식집 등 여러 식당을 눈에 불을 켜고 찾아 봤다. 그중 세 군데를 골라 내심 내 노력과 정성에 뿌듯해 하며 아내에게 자랑스레 말해 줬다.

"주변에 자연 풍경 보면서 식사할 수 있고 유기농 재료 쓰는 식당들로 세 군데 찾아 놨어. 어디로 모시고 가면 좋을까?"

그런데 좋아하며 미소 지을 줄 알았던 아내가 애매한 표정을 짓더니 입을 열었다.

"우리 엄마 아빠… 피자랑 파스타 좋아하는데."

"어…?"

"그리고 자연도 좋은데, 이번에는 부모님이 서울 시내에 사람 많은 번화가에 가고 싶어 하시더라고."

당황스러웠다. 오랜 시간 병환도 있으셨고, 아주 많은 연세는 아니지만 그래도 자연 풍경의 식당을 좋아하시는 건 당연할 거라 생각했는데, 서울 시내에서 피자와 파스타를 드시고 싶어 하시다니. 순간 멘탈이 살짝 나가는 느낌이었지만, 뒤이은 말을 듣고 그제야 이해했다. 건강이 좋지 않으셨기에 수년 동안 유기농 식단으로 식사하셨고, 부산에서도 일주일의 대부분을 자연 속에서 생활하셨기에, 병환이 많이 완치된 지금은 오히려 사람이 많은 곳에서 그간 자주 드시지 못했던 치즈 듬뿍 들어간 피자와 알리오올리오, 해물 크림 파스타 같은 음식을 더 드시고 싶으셨다는 것이다.

물론 나의 정성이나 마음이 잘못된 것은 아니다. 다만 '좋은 마음도 일방적일 수 있구나'라는 생각이 스쳤다. 분명 장인어른, 장모님의 입장을 우선시했고, 아내를 흐뭇하게 만들고 싶은 마음도 있었다. 그러나 그간 내가 알고 있던 정보를 토대로 나 혼자만의 판단이 앞섰던 것이었다. 다음 날, 서울의 유명한 파스타 가게에 두 분을 모시고 가서 즐겁고 맛있는 식사 시간을 가졌다.

아무리 좋은 마음, 좋은 생각이라도 그것이 내가 아는 정보를 토대로 한 추측이고 상대의 현재 상황을 헤아리지 못했다면, 그 결과는 불통이 될 수도 있다. 예를 들어 어떤 아버지가 가족들과 오랜만에 외식을 하기 위해 토요일 오후 삼겹살 집을 미리 예약해 두었다고 하자. 그러고는 아내와 아이들에게 뿌듯해하며 "다들 주말에 삼겹살 좋지? 아빠가 새로 생긴 삼겹살집 예약했어"라고 했을 때, 운 좋게 모두 반길 수도 있지만 자칫 가족 중 한두 명은 날짜도 메뉴도 반기지 않을 수 있다.

마음을 쓴 그 사람의 정성과 노력은 존중하고 싶지만, 일상적인 기호나 기준이 각기 다른 시대에 선한 노력도 자칫 나에게 서운함을, 상대에겐 불편함을 가져다 줄 수 있다. 그러니 가능하다면 상대가 무엇을 좋아하는지, 내 생각은 이런데 상대의 의견은 어떤지 물어보자. 여기서 중요한 것은 물어보거나 듣는 척만 하는 게 아니라, 상대가 원하거나 말하는 것을 진중하게 잘 듣고 잘 반응하는 것이다.

관객, 청중이라는 뜻을 가진 영어 단어 '오디언스(Audience)'는 라틴어 '아우디(Audi)'에서 비롯된 말로 '듣다'라는 뜻을 가지고 있다. 가족, 팀원, 부부, 친구, 부모와 자식이라는 관계 속에서 상대를 한 명의 관객으로 생각하고, 그들이 좋아하는 것을 주기 위해 예의 있고 진중하게 물어보고 그들의 이야기를 귀담아 듣자.

>  **Summary**
>
> 가족, 팀원, 배우자, 친구를 관객으로 생각해 보자. 그에게 좋은 무엇을 주려고 하기 전에, 먼저 무엇을 좋아하는지 진중하게 물어보고 이야기를 잘 들어 보자. 그럴 때 모두에게 좋은 공연, 멋진 공연이 가능해진다.

# 대화를 자연스럽게 마무리하는 법

　마음 맞는 사람과 대화할 때는 몇 시간을 말해도 즐겁다. 하지만 들을 만큼 들었는데 상대가 계속해서 했던 말을 또 하거나 머릿속 알고리즘을 타고 이런저런 말이 연속되는 상황은 정말 힘들다. 그렇다고 직접적으로 듣기 싫다고 말하기도 어렵고, 그야말로 사면초가 상태가 된다.

　마치 적당히 먹어서 배가 부른데 요리하는 사람 혼자 신나서 음식을 계속 내놓고, 심지어 계속 입에 갖다 대고 떠먹이는 격이다. 지금까지는 말하는 사람을 위한 가이드 위주였다면, 이번 장에서는 듣는 사람이 이런 상황에서 어떻게 현명히 대처할 수 있는지 다루고자 한다.

### 시간을 제한하라

중간에 말을 잘못 끊으면, 상대는 자신이 불편함을 줬다는 것은 모르고 되레 불쾌해할 수 있다. 따라서 말을 끊는 것도 아주 예의 있고 자연스러워야 한다. 그 첫 방법이 나에게 대화 시간이 제한되어 있다는 걸 자연스레 알리는 것이다. 실제로 대화 후에 다른 할 일이나 약속이 있다면 사실을 있는 그대로 말해 준다. 말할 타이밍은 중간에 상대의 문장이 끝날 때가 좋다. 우선 상대의 말을 다시 한번 언급하고 마무리 시간을 제안하는 것이다.

예를 들어 상대가 "그래서 난 생활용품은 웬만하면 새 걸로 사려고 해"라는 이야기를 했다면, "맞아, 집에서 쓰는 건데 새 걸 사는 게 좋지. 더 얘기 나누면 좋은데, 내가 2시에 아이들 수학학원 상담이 있어서 한 5분 뒤에 일어나야겠다"라고 말하며 자연스레 제한 시간을 알린다.

혹은 틈틈이 시계나 휴대폰을 확인하는 것도 시간의 제약이 있다는 메시지로 활용될 수 있다. 만약 뒤에 약속이 없을 때는 개인적인 할 일을 만들어서라도 말하면 된다. '그건 상대에 대한 기만 아닌가요?'라고 묻는다면, 과연 억지로 힘들게 듣고 있는 것과 유연하게 대화를 마무리하는 것 중 어느 게 더 예의 있고 현명한 선택인지 한번 생각해 보자.

### 화제를 돌려라

상대와 대화하는 것도 좋고 자리는 계속 이어가고 싶은데, 상대가 하나의 주제로 너무 길거나 늘어지게 말한다면 매끄럽게 다른 주제로 화제를 전환하면 좋다. 만약 상대의 말이 어느 정도 진행되었다면, 하고 있던 말과 전혀 다른 내용을 뜬금없이 말하지 말고 한번쯤 더 반응한 후 생각해 둔 주제를 조금은 적극적으로 말해야 한다. 애써 화제를 바꿨는데 소극적이거나 기운 없이 얘기하면 상황이 모호해지기 때문이다.

예를 들어 상대가 "그래서 운동은 너무 어려운 것보다 일상생활에서 편하게 할 수 있는 게 좋더라고. 배드민턴이나 요가 정도가 좋은 것 같아" 했을 때, "맞아, 편해야 지속적으로 할 수 있지. 건강 얘기하니까 최근에 든 보험이 생각 나네. 보험도 잘 들어야 안정적으로 살 수 있으니까. 최근에 든 보험은…" 이런 식으로 키워드를 연결하는 원리를 통해 매끄럽고 자연스럽게 화제를 전환하면 된다.

### 경청의 역효과를 주의하라

상대의 말이 많은 건 상대의 탓도 있겠지만, 듣는 내가 너무 잘 들어 주고 동의해 줘서 유독 더 말할 맛이 나는 경우도 있다. 말하자면 '경청의 역효과'인 셈이다. 상대의 말을 더 많이, 다양하게 들으며 깊은 대화를 하려는 의도라면 다르겠지만, 가만히 계속 들어 주기만 하고 내 말이나 의사 표현은 거의 하지 않아서 상대가 더 많이 말하게 될 수도 있다. 잘 경청하고 진심으로 예의를 갖추되, 말이 너무 길고 많아 불편한 상황이라면 그에 대해 잘 표현하여 더 좋은, 편안한 대화를 나누는 삶을 살길 바란다.

 **Summary**

경청 자체는 좋지만, 끌려가기만 하는 억지 대화는 꽤 큰 피로감을 준다. 자연스러운 시간 제한, 화제 전환과 적절한 의사 표현을 통해 대화 시간을 효율적으로 관리하는 주체가 되자.

# 가르치려는 마음
# vs 만나려는 마음

소그룹 대상으로 수업을 하다 처음 강의 의뢰가 들어왔는데, 군 복무중인 의경들을 위한 강의였다. 의경 출신으로 몇 년 앞서 사회에 진출한 선배로서, 또 '스피치와 목소리'라는 주제가 필요한 20대 초중반의 청년들에게 적합한 시간이 되리라는 생각에 즐거운 마음으로 강의를 준비했다. 첫 강의라 긴장도 되고 어떤 것을 말해 줄까 고민하면서 준비를 했다.

강의 당일, 장소가 경찰서라 그랬던 걸까 왠지 더 긴장되고 떨렸지만 기도도 하고 이런저런 좋은 생각들을 떠올리며 강의장에 들어섰다. 강연장에는 의경 60여 명이 모여 있었다. 드디어 무대에서 강의를 시작했고 그간 배우고 정리한 내용들을 열심히 전달했다. 그런데 강의를 하며 듣는 의경들의 표정은 예상보다 무거웠고, 반응도 거의 없었다.

지금도 생생히 떠오를 만큼 그날의 충격은 상당했다. 강의를 마치고는 서둘러 강의장을 빠져나왔던 기억이 난다. 며칠간 머릿속은 '강의는 아닌가 보다. 내가 생각했던 첫 무대는 이런 게 아니었는데…' 하는 실망과 후회로 가득했다.

내가 놓친 게 무엇이었을까를 곰곰이 생각했다. 내가 하고 싶었던 강의와 무대에 서고 싶었던 이유를 말이다. 그러다 누군가에게 무엇을 전하고 가르치기 전에 반드시 필요한 것이 있음을 깨달았다.

바로 '사람 대 사람'으로 만나려는 마음이다. 처음 선생님을 만나고 감동했던 이유, 적은 인원의 소그룹에서 성공적으로 수업이 이뤄진 이유는, 그저 가르치는 게 아닌 자신의 경험들을 나누고 진심을 이야기하며 서로를 만난다는 마음이 먼저였기 때문이다.

만난다는 것은 서로 마음을 나누는 것이다. 다시 그때로 돌아간다면 의경 후배들에게 스피치의 원칙과 말 잘하는 법을 설명하기보다는 '배우의 꿈을 꾸다가 강사로 전향하게 된 계기', '자신감 없던 나의 마음과 실수담', '군생활 때의 추억', '여전히 불안한 마음과 그것을 다잡는 나만의 힘', '속상하고 아팠던 나의 20대'에 대해 이야기하고 싶다. 강의 목적에 따라 구성은 달라지겠지만, 목적이나 취지를 바꿔서라도 그런 '만남의 이야기'들을 전해 주고 싶다.

그 첫 강의의 후유증으로 한동안 강의를 못했다. 그러다가 다시 나만의 이야기를 전한다 생각하며 용기를 냈다. 아니 다시 도전했다.

그로부터 두 달 뒤 대학생들을 대상으로 하는 강의를 진행했고 아쉬워하던 부분을 채워가며 사람 대 사람으로 마주했다. '성공적이다'라는 표현보다는 '좋았다'라는 표현이 잘 어울리는 강의였다.

사람들은 교육과 이야기를 모두 원한다. 이야기 속에 주제를 가지고 말하다 보면 교육의 효과는 자연스럽게 따라온다. 이야기라는 단어의 대표적 어원 중에는 '이약(耳藥)', 즉 '귀로 듣는 약'이 있다고 한다. 〈춘향전〉에서 단 한 번도 '진정한 사랑을 하세요?'라고 묻지는 않지만, 공연이 끝나면 진정한 사랑에 대해 생각할 수 있는 여운을 전한다.

어렸을 적 할머니의 이야기와 경험담은 우리를 집중시키고 재미와 의미도 있었다. 할머니, 할아버지가 해 주셨던 6.25 때의 이야기는 아직도 머릿속에 생생하다. 과연 할머니, 할아버지가 스피치를 배워서 그렇게 이야기를 재미있게 했을까? 그저 손주를 사랑하는 마음과 자신의 이야기를 고스란히 전해 주고픈 마음에서 시작된 이야기로 세상 최고의 스피치를 하신 것이다.

만남은 자신의 진짜 마음의 이야기를 전하는 것이다. 자신의 이야기를 전하기 위해서는 돌아봄이 필요하고, 자존심을 넘어 건강한 자존감이 필요하다. 하지만 진심을 이야기하는 것이 좋다고 해서 자신의 과거나 속 이야기, 삶의 이런저런 이야기를 다루는 것은 쉽지 않다. 즉 단순히 방법론적으로만 접근하면 위험을 초래할 수도 있다.

이때 필요한 것이 바로 '소명'이라는 것이다. 좀 거창하게 들리겠지만 이것은 매우 중요한 스피치의 요소이자 근본적 힘이 된다. 목소리라는 영어 단어 '보이스(Voice)'의 근간인 '보케이션(Vocation)'이 천직, 소명을 뜻하듯이 힘 있고 좋은 목소리에는 자신이 가진 소명이 있고, 하려는 말과 이야기에 대한 뜨거움이 있다.

누군가는 '뭐, 그렇게까지 깊이 생각해?'라고 말하기도 하지만, 시간이 지나면 다른 사람들의 반응보다 스스로 떳떳하고 보람된 삶이 무엇인지, 의미 있는 스피치와 무대가 무엇인지를 알게 될 것이다.

머리에서 시작되는 말은 머리에 전달되고 가슴과 삶에서 시작된 이야기는 귀와 눈을 통해 마음으로 전달된다. 그러기 위해 다음의 몇 가지 질문들에 대해 돌아보고 답해 보자.

▸ 스피치를 잘하고 싶은 이유는 무엇인가요?
▸ 굳이 떨리는 무대에 서야 하는 이유는?
▸ 내 삶이 변화한 시점이나 사건은 무엇인가요?
▸ 사람들에게 꼭 전하고 싶은 말은? 왜 그 말을 전하고 싶나요?
▸ 듣는 사람들은 관객, 수강생, 학생이기 이전에 동시대를 살아가는

고민과 아픔, 희망을 품고 있는 사람들이라는 것을 알고 있나요?

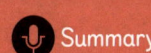
**Summary**

가르치려 하거나 선생인 척 거들먹거리는 목소리를 좋아하는 사람은 없다. 스피치의 매력적 힘은 말하는 사람의 이야기와 호감에서 시작된다. 불필요한 힘은 빼고 사람 대 사람으로 만나도록 노력하자.

# ❝
# 바닥에
# 소통이 있었다

 강사이자 코치로 활동하면서 가장 많이 한 것은 강의 준비와 스스로에 대한 공부지만, 다른 한편으로 노력한 것은 다른 강사들의 강의와 스피치를 보면서 분석하고 적용한 것이었다.

 또한 일상생활을 하면서도 대인관계에 문제가 생기거나 심각한 스트레스를 받을 만큼 사람들의 말하기와 목소리에 집착하고 관찰하는 습관이 생겼다. 흔한 말로 '오지랖'인데, 쓸데없이 사람들의 말, 목소리, 표현에 대해 원치도 않는 코칭이 불쑥불쑥 나오는 것이었다.

 다양한 분야의 전문 강사들을 관찰하고 분석하면서 느낀 공통점이 있다. 청중들이 편안함을 느끼고 소통하고 있음을 마음으로 느낀다는 것이다. 그것은 자신이 돋보이려 애쓰거나 잘난 척하지 않고 스스로 바닥까지 낮아질 때 가능했다. 높아지려 하거나 돋보이려 할수록 낮아지고 돋보이지 못하며, 오히려 낮아지고 겸손할수록 더욱 많은 사람들과 소통하며 좋은 전달력을 가지게 된다.

그렇다고 소심하고 자신 없어 보이거나 작은 목소리로 연기하라는 것이 아니다. 스피치하는 사람은 무대에 선 이상 자신 있고 당당하게 말하며, 목소리도 잘 들려야 한다. 다만 '나는 강사라는 마음으로 거들먹거리거나 허세를 부리지 않는 마음가짐과 자세를 말하는 것이다.

어떤 강의나 스피치를 들었을 때 집중하고 마음을 열게 되었는지를 돌이켜 보자. 물론 나에게 필요한 정보에 집중하겠지만 우리가 마음을 열게 되는 때는 그 사람의 아프고, 괴롭고, 어려웠던 사연을 들을 때이다.

나 역시 처음 강의할 때는 목에 힘을 주고 조금이라도 있어 보이는 단어 선택을 하려 노력하면서 아등바등 스피치를 할 때가 있었다. 이유는 간단했다. 멋지다고 생각하는 '무엇'처럼 보이고자 하는 마음이 컸기 때문이다. 혹자는 그것을 자존심이라 칭하며, 자존심 스피치라 부른다. 진짜 멋과 헷갈리고 있는 것이다. 단어 선택이나 스피치의 문장들과 그 사람의 목소리, 말하는 뉘앙스를 통해 인정받고 박수 받고 싶었다.

전직 배우라는 여운이 마음에 남아 있다 보니 주목 받고 싶은 마음과 어느 한 부분도 무시 받기 싫은 마음이 나의 목소리와 눈빛, 몸과 마음에 불필요한 힘을 만들었다.

자존심의 목소리는 대부분 열등감에서 출발한다. 감추고 싶은 내용을 말하면 나를 낮게 보거나 무시할 것만 같았다. 하지만 스스로의 결함이나 결핍이라 생각하는 것들을 숨기려 꽁꽁 무장해도 결국 그것은 그 사람의 스피치와 표현에 그대로 묻어난다.

나는 어머니의 사랑에 대한 결핍과 학력 콤플렉스가 대표적인 열등감이었다. 그것을 숨기려 필요 이상으로 장난을 치거나 밝게 말하고 행동하며 들떠 있었다. 그 열등감이 남들에게 밝혀질까 봐 두려워하고 경계하다 보니 말이 겉돌고 목소리가 들뜨며 청중들과 소통하지 못했던 것이다.

그러다 무언가 잘못되었다는 생각이 들었고, 조금씩 내 이야기를 시작했다. 그때부터 사람들이 집중하고 공감하는 것을 느낄 수 있었다. 용기 내어 마음을 열고, 바닥부터 이야기할 때 사람들도 마음을 열기 시작한다. 그때부터 진짜 이야기가 시작된다. 사람에 따라 상처와 아픔의 농도가 다르고 언급하기조차 힘들 수도 있다. 하지만 아프고 힘들고 속상했던 것도, 부끄럽고 꺼내기조차 싫은 것도 소중한 내 삶의 일부분이다.

다행히 그 시간과 시절을 지나 지금의 내가 있기에 무대 앞으로 한 발자국씩 나와 당당히 그리고 겸손히 이야기하는 것이다. 우리가 열광하고 좋아하는 스피커들은 대부분 자기 삶을 직시하며 이야기한다. 그들의 스피치 노하우 중 하나는 바로 '과거와 친해졌다'는 것이다. 자신의 과거를 바라볼 수 있을 때 자존감이 높아지고 살아 있는 지금의 내 존재를 인정하며 소중히 생각하게 된다. 삶을 감사히 여길 때 진정 힘 있는 스피치가 나오는 것이다.

**Summary**

돋보이려 애쓰거나 잘난 척하지 않고 자기 마음을 내려놓고 바닥까지 낮아지는 것은 힘든 일이지만 중요하다. 낮아지고 겸손할수록 소통이 원활하며 전달되는 힘을 가지게 된다.

# 인정받으려는 대화에서
# 인정해 주는 대화로

사람은 누구나 인정받고, 사랑 받고 싶다. 그리고 그런 욕구는 지극히 정상이다. 다만 그 정도가 심하면 본인도 모르게 말과 표현에 힘이 들어가거나 상대를 불편하게 하고, 때로는 신뢰감을 떨어뜨리기도 한다.

가장 대표적인 경우가 남의 성과를 활용해 나를 증명하려는 경우다. 사람들과의 만남의 자리에서 나도 그리 못난 사람은 아니라는 것, 꽤 유능한 사람이라는 것을 보여 주고 싶은 나머지 자신 주변의 잘난 사람의 이름과 성과를 과하게 언급하는 것이다.

예를 들어 "나 연예인 누구누구 알아. 나 그 사람이랑 가끔 밥도 먹어", "그 회사 대표님이랑 나 카톡 친구야. 그 사람이 먼저 연락도 주거든" 같은 식이다.

  물론 실제로 인간관계가 넓고 대단하다는 자체를 부정하는 건 아니지만, 결국 남의 이름을 활용해 나를 증명하려다 보면 나 자신은 물론 언급한 사람의 이름도 오히려 격이 떨어진다. 이런 사람을 '네임 드라퍼(Name Dropper)'라고 부르기도 한다. 아는 사람을 모른다고 하라는 게 아니라, 성공한 지인이나 이름만 아는 사람을 활용해 인정 욕구를 채우는 것을 조심하자는 얘기다.

  다른 사람의 성과를 들을 때는 그 사람을 인정하고 박수를 보내는 것이 오히려 좋다. 괜히 승부욕이 올라와서 온갖 지인을 동원해 대립하듯 대화하는 건 이득은커녕 되레 손해만 보는 안타까운 방법이다. 있는 그대로의 나로서 편하게 존재하면서 다른 사람을 인정해 주는 태도가 훨씬 유연한 시간을 만든다.

  인정 욕구는 또한 자랑과 계획을 '너무 많이' 말하게 만든다. 다른 사람 대신 내 성과를 이야기하는 것까지는 좋은데, 자칫 성과를 내 입으로 너무 많이 말하거나 아직 계획 중인 것을 다 드러내 보이면 오히려 우스꽝스러운 사람이 된다. 말도 넘치면 모자람만 못하다.

  예를 들어 "나 최근에 차 샀잖아. 수입차가 확실히 좋더라. 내 힘으로 사니까 더 뿌듯해"와 같이 말하는 건 자유다. 하지만 만약 어떤 사람이 진짜 좋은 성과를 내면 마치 자연의 이치처럼 그 사실을 남이 먼저 알고 먼저 말한다. 그 시간을 못 기다리고 내 입으로 자랑하기 시작하면 그 성과의 가치가 절반으로 떨어지거나 심지어는 비호감의 대상이 된다. 서로 비슷한 입장이나 처지라면 모를까, 행여 지금 상황이 더 못한 사람은 부럽거나 기분이 상할 수 있고 더 잘난 사람에게는 그런 자랑이 가볍고 우스워 보일 수 있다.

진정으로 묵직하고 깊이 있는 성과는 가만히 있어도 남이 먼저 알아본다. 자기 어필이 중요하다는 사람들도 가끔 있는데, 그 자체가 아직 그 성과가 설익었음을 말해 준다. 나의 일과 삶에 집중하고, 성실하고 묵묵히 진짜 성과를 내는 사람들은 절대 남의 이름을 활용해서 자신을 높이려 하거나 자랑을 늘어놓으며 몸부림치지 않는다.

묵은지와 신 김치는 얼핏 같은 것 같지만 엄연히 다르다. 마음 먹고 장독대에 깊이 담가 잘 숙성한 묵은지는 시원하고 깊이 있는 감칠맛이 나고 그 상품성도 높다. 신 김치는 얼핏 자극적 신맛은 같을지라도 감칠맛과 깊이는 없다.

가끔은 겉절이처럼 속에 잘 배지 않고 겉에만 양념을 칠한 듯이 말하는 사람도 있다. 친한 친구와의 수다에서는 되레 겉절이처럼 가벼운 이야기가 더 맛깔나기도 하지만, 주로 깊은 묵은지처럼 때로 겉절이처럼 말하는 것이 일상에서도 비즈니스에서도 이득이다.

말하기나 목소리의 기운은 결국 내 안에 무엇을 품었는지에서 출발한다. 잘나 보이고 싶은 욕구보다는, 지금의 나를 존중하고 타인을 인정할 줄 아는 넉넉한 여유로부터 보다 프로페셔널하고 유연한 대화가 시작된다.

 **Summary**
인정 욕구 때문에 남의 이름을 과하게 언급하거나 나의 자랑과 계획을 섣불리 떠벌리는 것은 오히려 나의 평판을 깎아내리는 일이다. 쉽고 얕은 방법으로 인정 욕구를 채우기 보다 내 안에 담긴 묵직한 성과가 스스로 빛날 수 있도록 여유를 가져 보자.

# 웃긴 사람 되려다
# 우스운 사람 되지 말자

친구 둘과 삼겹살 집에 들어갔다. 메뉴판을 보고 주문하려는데 한 친구가 "이모~ 여기 4인분 같은 3인분이요" 한다. 주문 받는 사장님이 어색한 미소를 짓는다. 잠시 대화를 나누는데 주문한 음식이 조금 늦게 나오는 듯하다. 친구는 벨을 누르고, 테이블로 온 직원 분에게 "혹시 돼지고기 도살장에서 지금 작업 중인가요?" 하고 묻는다. 그 직원 분은 아까 사장님의 겸연쩍은 미소보다 더 어색한 미소를 짓는다. 4인분 같은 3인분까지는 뭐 유쾌한 주문의 방법이라 하더라도, 이건 조금 오버스러운 느낌이다.

자리가 이어졌고, 여자친구 둘이 늦게 도착했다. 그 친구들이 "미안, 좀 늦었지… 차가 너무 막혀 가지고" 해명을 하자, 아니나 다를까 계속 유머 아닌 유머를 남발하던 친구가 또 한마디 한다.

"야, 고기도 늦게 나오길래 너네가 돼지고기 가지고 오는 줄 알았다. 그 가방에 들어 있는 거 아니야?"

상황에 따라 재치 있는 말은 분위기를 살리고, 인간관계의 윤활유 역할을 한다. 유머러스한 사람의 노련한 언변은 타고났다고 할 정도로 유능한 능력이다. 다만, 분위기의 흐름과 적절한 흐름을 타지 못하면 유머는 오히려 분위기를 어색하고 불편하게 한다. 유머는 말장난을 남발하는 것이 아니라 상황과 흐름을 타고 나오는 적절한 즉흥력과 센스다.

유머가 필요하다는 말을 듣고 특히 중년 남성들이 재미있는 사람이 되려고 노력하는데, 그 노력이 웃긴 것이 아니라 오히려 상황을 불편하고 어색하게 만든다는 데서 생겨난 말이 '아재 개그'다. 물론 아재 개그 역시 잘 표현해서 상대가 재밌어하면 하나의 센서티브한 스피치 능력이 되겠지만, 그 말 자체는 '재미없는 아저씨들의 재미있고 싶은 몸부림'이라는 기본 뜻을 가진다. 지금에야 하나의 장르처럼 불리지만, 막상 직장이나 사회 생활에서 아재개그를 남발하며 혼자서만 재미있어 하는 사람들을 보면, 더군다나 안 웃긴데 웃긴 것처럼 반응해야 하는 상황이 되면 난감하다. 그럴 바엔 차라리 담담하고 조용한 분위기가 더 낫다.

웃긴 사람 되려다 우스운 사람이 되지 않으려면 그 유머가 전체 분위기를 위한 노력인지, 내가 돋보이려 몸부림치는 것인지 알아야 한다. 인간은 마음먹은 방향에 따라 말의 느낌과 에너지가 달라진다. 재미있는 사람으로 인정받고 싶은 마음에 출발한 어설픈 유머는 사람과 상황 모두와 어울리지 못한다. 사람들의 말과는 상관없이 나 혼자만의 세계에서 막 던지는 우스갯소리가 어찌 분위기를 살릴 수 있을까?

유머는 라틴어 '휴먼(Human)'에서 비롯된 말인데 그 뜻은 '웃기다', '재미있다'라는 뜻 이전에 '흐르다'라는 뜻을 가진다. 즉 진짜 유머의 기초는 흐르는 데서 시작한다. 그러기 위해 사람들의 말을 잘 듣고 분위기를 잘 파악하며 적절히 표현해야 한다.

무엇보다 왜 굳이 웃기려고 노력하는지 내 마음을 알아야 한다. 연극심리학에는 '스포트라이트 증후군'이라는 용어가 있다. 내가 과하게 관심 받으려는 결핍에서 비롯된 표현 장애, 다시 말해 퇴장할 때 퇴장하지 않고 다른 사람이 조명을 받는 차례에 계속 조명을 받으려는 인지 오류를 말한다. 일상 생활과 관계라는 무대에서 상대의 말을 차분히 경청하기 어렵고, 항상 뭔가 독특한 말이나 행동을 해서 시선을 받고 싶어한다.

특히 말재주가 있거나 소위 '끼'라고 불리는 탤런트의 기질을 가진 사람들에게 많이 나타나는데, 보통은 하는 일이나 사회에서 본인이 생각한 만큼의 인정이나 성과를 얻지 못하는 경우, 일상을 무대로 착각해 자꾸 공연을 하려는 경우에 많이 나타난다. 이런 사람들은 상대가 부정적이거나 어색한 반응을 보여도 그것 역시 반응 중의 하나라 생각하고 잘 고치지 않는 경우도 있다. 안 좋은 반응도 안 좋은 대로 만족을 주는 것이다.

즐겁게 유쾌하게 대화하는 것은 참 좋은 일이다. 다만, 그것이 나의 욕구 충족을 위한 것이거나 분위기에 맞지 않는 일방적인 오버는 아닌지, 재미있는 게 아니라 주변을 불편하게 하고 있진 않은지 돌아보자. 웃긴 사람 되려다 어느새 우스운 사람이 되어가고 있는지 모른다.

**Summary**
흐름에 맞지 않는 유머는 웃긴 것이 아니라 우스운 것이 된다. 타고난 좋은 말센스를 유익하게 활용하는 삶을 살자.

# AI보다 진정성 있게
# 말할 수 있나요

　이름만 들으면 알 만한 대형 홈쇼핑 회사의 쇼호스트분들을 대상으로 스피치와 보이스 트레이닝을 진행했다. 강사로서 강의 의뢰 연락을 받았다는 건, 그것도 큰 회사에서 수업 문의가 왔다는 건 정말 반가운 일이지만, 처음엔 조금 의아했다. 전문 쇼호스트들은 보통 리포터, 스튜어디스 등 말하기 관련 전문 이력을 가지고 있고, 더군다나 수업 대상은 신입 쇼호스트뿐 아니라 10년 전후의 경력이 있는 분들이었기에 더욱 이유가 궁금했다. 티는 안 냈지만 한편으로 부담스럽기까지 했다. 그래서 교육 의뢰를 한 회사 담당자 분에게 물었다.
　"방송 경력도 있고, 스피치도 노련하게 잘하는 분들인데 어떤 목적으로 수업하시려는 걸까요?"

"네, 맞아요. 스피치 경력도 많고 노련한 분들인데 더 갖춰야 할 능력이 있어요. 이제는 방송인 같기만 하면 되는 게 아니라 말하듯이, 대화하듯이 스피치 하는 능력이 필요해서요."

"아… 네."

이 말을 듣고 나 역시 머릿속에 새로운 빛이 쨍 하고 들어오는 느낌을 받았다. 그렇다. 시대가 바뀌고 있고, 스피치의 방식도 바뀌고 있다. 1980년대 웅변형 말하기에서 1990년대 방송인형 말하기로, 지금은 전문성은 물론 진정성과 정체성을 갖춘 '소통형 말하기'가 통하는 시대를 살고 있는 것이다.

첫 수업, 자기소개 시간을 가졌다. 모두 세련되고 자신감 있어 보이는 외모에 능숙하게 이름과 이력 등을 말했다. 예상대로 모두 스피치 능력은 두말할 나위 없었다. 명확한 발음, 잘 훈련된 발성까지 좋았다. 그런데 가만 듣다 보니 다들 성격도 다르고, 고향도 다르고, 추구함도 다른데, 무엇보다 사람이 각각 다른데, 말하는 게 너무 비슷했다. 마치 한 학원에서 한 가지 커리큘럼으로 배운 분들이신가 싶을 정도였다. 순간 고민이 들었다.

'수십 년간 이렇게 방송해왔을 거고 성과도 내며 살아왔을 텐데, 처음 보는 나와의 만남에서 얼마나 마음을 열까?'

그래서 코칭을 시작하기 전, 나부터 강사로서가 아닌 그저 한 사람으로서의 이야기를 전했다. 스무 살에 배우가 되고 싶어 무작정 서울에 왔다. 돈이 없으니 친구가 사는 옥탑방에서 눈칫밥 먹으며 얹혀살았고, 반지하 전전하며 불투명한 미래에 불안해했다. 겉으로는 연기 전공이니 배우 지망생이니 그럴듯한 수식어를 붙였지만, 야간 이벤트 주점에서 사회도 보고, 엑스트라도 하고, 대학로에서 연극배우 생활도 하며 월 30만 원도 겨우 벌던 때였다. 그랬던 내가 어떻게 이렇게 큰 회사에 출강하는 강사가 될 수 있었는지, 마치 에세이 같은 말을 나누었다.

물론 코칭하는 수업에서는 '이렇게 하세요, 저렇게 하세요' 하며 직설적으로 말하는 게 필요하다는 걸 누구보다 잘 알지만, 함께한 쇼호스트들도 전문 직업인 이전에 사람이기에 그런 이야기들이 자연스럽게 어우러지며 분위기가 꽤 말랑말랑해졌다. 비슷한 공감대가 있어서인지 오히려 강사인 나에게 질문하기도 하고 자연스레 대화를 나누는 분위기가 되었다.

그렇게 다음 말하기 주제로, 각자 쇼호스트가 된 계기와 그간 마음대로 되지 않았던 삶의 이야기를 나누었다. 그러다 보니 어느새 우리는 스피치 수업을 넘어 사람 대 사람으로 대화하고 있었다. 그렇게 차근차근 대화하듯 한 사람씩 앞으로 나가서 마음의 이야기를 편하고 진솔하게 나눴다. 말하자면 '공식적 수다'라고나 할까?

"잘 알고 있습니다. 사람들이 바라보는 무대에서 일정한 형식을 지켜야 한다는 인식과 부담감을요. 다만 오늘만큼은 평가하거나 지적하지 않을 테니, 전문적으로 보이거나 틀을 지켜야 한다고 생각하지 마시고 나의 가장 편한 친구에게, 엄마에게, 언니에게 말한다고 생각해 보세요. 그러면 스피치라는 틀에 갇힌 말하기가 아닌 각자의 자연스럽고 진솔한 말을 할 수 있을 겁니다. 지금까지 부여잡고 있던 그 끈을 놓으면 위험할 것 같지만, 오히려 더 가벼워지며 다른 나를 만날 겁니다."

이 이야기는 비단 쇼호스트분들에게만 해당되지 않는다. 직업과 연관된 억양을 만들고 마치 그것이 전문적인 말투인 것처럼 인위적으로 지키는 사람들이 있다. 분명 말의 내용은 틀리지 않았지만, 마치 정해진 대사만 반복하는 로봇처럼 진정성이 전혀 안 느껴지는 것이다. 보통 이런 말투들은 분야별로 대물림된 경우가 많다.

이쯤에서 이런 생각을 하는 사람이 있을지도 모르겠다.

'참, 어떻게 매번 진심을 담아서 그렇게 자연스럽게 말해? 하루 종일 일한다고 피곤해 죽겠는데, 좀 기계적일 수도 있지.'

그런 마음도 충분히 이해한다. 하지만 나의 주관적 의견을 떠나 잘 생각해 보자. AI가 상상을 초월할 정도로 인간의 역할을 대체해 주고 있고, 그 기술력과 수행 수준은 웬만한 사람보다 낫다는 의견도 있다. 사람 냄새나는 말, 그 사람만의 진정성과 정체성이 담긴 목소리로 대화하지 못하면, 사람이 직업적으로나 사회적으로 참여하고 함께할 수 있는 무대가 이제 얼마나 될까?

'세계경제포럼(World Economic Forum)'의 2023년 발표에 따르면, 급성장하는 인공지능 기술의 발달과 대중화의 영향으로 5년 안에 약 6,900만 개의 새로운 일자리가 창출되고 8,300만 개의 일자리가 사라진다고 한다. 말투 하나 바꾼다고 변화하는 시대를 거스르고 기적을 일으킬 수 있다는 허황된 얘기는 못 하겠다. 하지만 일상에서 방송을 보거나, 강의를 듣거나, 식당에 가거나, 영업 혹은 서비스직의 사람을 만났을 때, 기계적 말투보다는 사소하더라도 진정성과 자연스러움이 느껴지는 사람과의 만남을 기분 좋게 기억한다. 인간만이 가진 좋은 여운과 에너지는 생각보다 귀하고 생명력 있는 것이다.

 **Summary**

결국 진정성 있는 말하기를 위해서는 '사람'을 봐야 한다. 말은 그저 하는 게 아니라 시선과 느낌의 반작용으로 흘러나오는 것이다. 상대를 안 보고 내 할 말만 외운 대사에는 진정성이 없다. 상대의 눈과 존재를 정성스레 볼 때, 내 말도 진정성 있게 흘러나온다.

# 문해력에서
# 이제는 감해력으로

 문해력은 이제 많은 사람들에게 익숙한 단어다. 글을 읽을 때 그저 글자를 기계적으로 읽거나 표면적으로 해석하는 것이 아니라, 글에 숨은 본질적 의미를 이해할 줄 아는 것이다. 특히 스마트폰으로 짧고 자극적이며 다양한 컨텐츠를 과도하게 접하는 데 익숙한 사람들에게 더욱 필요한 부분이다.
 글을 깊이 이해하는 능력이 문해력이라면, 사람의 감정을 깊이 이해하고 그에 공감하는 능력을 '감해력'이라 한다. '느낄 감(感)', '풀 해(解)', '힘 력(力)'이 만나 만들어진 단어로, 상대의 말에 숨어 있는 감정과 그 의미를 찾아내는 감해력은 다양한 인간관계에서 꼭 필요한 능력이다.

남녀 간의 대화로 예를 들어 보자. 남자친구에게 토라진 여자친구가 말한다.

"오빠 지금부터 나한테 말 걸지 말고, 귀찮게 하지 마."

이 말은 과연 무슨 뜻일까? 물론 실제로 말 걸지 말라는 뜻일 수도 있지만, 이 말의 본질적 의미는 '수단과 방법을 가리지 말고 내 기분을 풀어 줘, 조금은 귀찮게 해도 괜찮아'라는 뜻일 확률이 높다. 그런데 보통의 남자들은 '아 지금부터 건들지 말란 뜻이구나'라고만 생각한다.

고향에 있는 어머니와 서울에 있는 아들이 통화 중이다. 아들이 "엄마, 다음 달에는 꼭 집에 한번 들를게요. 요즘 바빠서 정신이 없네요"라고 말하자 엄마가 답한다.

"아이고… 바쁜데 뭐하러 와. 너 바쁘면 안 와도 돼."

엄마는 정말 안 와도 된다는 마음일까? 앞서 말했지만, 말은 물론 상황과 사람에 따라 표면적 의미 그대로 받아들일 필요도 있다. 하지만 삶의 사이사이 차마 마음을 그대로 다 표현하기 어려운 대화의 순간들이 있다. 이 경우 엄마의 마음은 '그래 아들아, 보고 싶구나. 다음 달에 꼭 오렴'일 가능성이 높다.

내 아내는 꼭 필요할 때만 말하고, 평소 자신의 감정 표현을 잘하지 않는 편이다. 그래서 신뢰감을 주기도 있지만, 함께 30년을 살다 보니 생존 본능(?)이 발동한 탓인지 말하지 않아도 아내의 감정이나 기분을 잘 파악한다. 아내는 요가와 필라테스를 가르치는데, 일과 육아, 살림을 동시에 하는 건 결코 쉽지 않음에도 힘들거나 버겁다고 말한 적이 없다. 다만 가끔 저녁에 "요즘 잠이 모자라서 그런지 운전할 때 조금 졸립더라고"라며 말을 흘릴 때가 있다. 그러면 나는 다음 날부터 조금 더 일찍 일어나 아이들 아침 식사를 챙기고, 빨래를 돌리고 개는 것까지 직접 하려고 한다. 당연히 남편이 육아를 함께 해야 하는 거라고 말할 수 있겠지만, 늘 신경 쓰고 관심 가지고 노력해야 하는 부분이다.

또 아내가 "언니가 부산에 맛있는 식당이 생겼다고 하네"라고 말하면, "시간 내서 부산 한번 갔다 와~ 주말에 일정 안 잡고 내가 애들 볼 테니"라며 그녀만의 시간을 누리도록 한다. 이러한 일상 속 감해력은 15년 연애 후 15년째 함께 살고 있는 우리가 아직도 카페에서 두 시간씩 대화하는 원동력이 되고 있다. 연애 초반에는 설렘과 뜨거운 사랑의 감정으로 지내지만, 나중에는 의리와 배려와 존중으로 산다. 서로의 감정을 존중하고 각자만의 방식으로 대접하는 관계는 결코 얕지 않다.

무엇보다 감해력에 가장 좋은 수업은 '연기 수업'이다. 다만 보통 사람들에게 일반적인 연기 수업을 추천하기엔 다소 부담이 있을 테니, 가볍게 해 볼 만한 방법을 몇 가지 소개한다. 우선 같은 말에도 다양한 뜻과 감정이 있다는 사실을 이해하는 것이다. 예를 들어 '아'

한마디에도 놀라서, 아파서, 피곤해서, 우울해서, 짜증나서, 화나서, 기뻐서 등 다양한 상황이 들어 있다. 주변에 아무도 없다면, 상황별로 단어를 소리 내어 말하며 감정을 느껴 보자.

드라마나 영화를 볼 때도 그냥 즐기는 것을 넘어, 인물의 감정 상태를 따라가며 '저 상황에서 나같으면 어떻게 했을까?', '왜 저 상황에서 저런 선택을 해야만 했을까?'를 유추하면서 보면 좋다.

또 책을 읽으면 문해력과 감해력에 도움이 된다. 그중에서도 소설과 수필, 말하자면 대화와 감정, 상황, 인물이 포함된 서사가 있는 책을 읽으면 재미도 있지만 그 안에서 감정을 해석하는 공부를 자연스레 하게 된다.

무엇보다, 가까운 사람의 마음과 상황에 관심을 가져 보자. 감정을 헤아리는 힘은 상황을 헤아리는 데서 시작한다. 복잡하게 접근할 게 아니라 평소 자녀, 배우자, 친구, 동료, 고객에게 유심히 관심을 기울이고 배려를 행하는 것이 바로 감해력 성장의 시작이다.

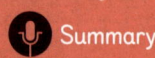 **Summary**

겉으로 하는 말이 표면 그대로의 말인지, 전체 상황과 상대의 마음을 바라봤을 때 또 다른 의미가 있는지 조금만 관심 가지고 알아주면, 언젠가 상대가 말할 것이다. "고마워, 내 마음 알아줘서."

# 거시기로 말해도
# 찰떡 같이 통하는 대화

어렸을 적 전라도에 사시는 큰 고모와 둘째 고모의 대화를 들은 적이 있다. 큰 고모가 먼저 "긍께 거시기 해갖고 거시기 해불면 되제~"라고 하자, 그 얘기를 듣던 둘째 고모는 "뭐단다고 거시기 해분다요~ 차라리 거시기 해불꺼면 처음부터 안 하는 게 낫제~" 한다. 그러자 큰 고모가 다시 "그르까? 그라믄 뭐 니 말대로 거시기 헐 거 같으면 안 하는 게 낫제~" 한다.

두 분의 대화에는 주어가 전혀 등장하지 않았지만, 서로의 말을 이해하는 것은 물론 아주 원활하게 소통했다. 물론 전체적 맥락과 어느 정도의 친분 관계가 있었기에 가능했겠지만, 우리 주변에서도 대화가 잘 통하는 경우를 잘 살펴보면 두 분의 대화와 성격이 유사함을 알 수 있다. 유창한 지식이나 엄청난 언어 전달력, 교과서적 이론이 없어도 그저 원활하고 즐거운 교감으로 이뤄진다는 점이다.

아내는 본인의 언니와 대화가 가장 잘 통한다. 대화 내용을 들어보면, 가끔 집안의 중요한 일에 관한 이야기도 나누지만 결국은 결론 없는 이야기들, 예를 들면 TV 프로그램을 본 각자의 소감이나 속상했던 일, 고민되는 일, 소소하게 뿌듯하거나 기뻤던 일들을 나눈다. 이 이야기했다가 저 이야기하고, 누구 험담도 좀 했다가 맞장구도 치고, 그렇게 두 시간을 통화하고 끊으면서 "언니~ 중요한 얘기는 만나서 해"라고 한다. 얼마나 대화가 잘 통하면 그럴까?

일상에서 대화가 잘 통하는 사람을 떠올렸을 때, 우리는 그 사람과 잘 대화하려고 수업을 받거나 책을 보며 공부한 적이 없다. 그럼 대체 무엇이 비결일까? 핵심은 바로 '호감적 교감'이다. 인간은 동물적 본능을 갖고 있기에 기본적으로 방어 기제를 가진다. 쉽게 말하면 서로 잘 알기 전에는 남을 조심해야 할 대상으로 생각하기 때문에, 내 편인지 아닌지를 판단하는 만남 초반에는 특히 경계 신경이 활성화된다.

그러다가 대화를 나눠 가며 상대에 대한 경계를 유지하거나, 혹은 신뢰를 느끼고 마음을 열게 된다. 만약 첫인상에 대한 호감이 형성되면 서로 호감적 교감을 느끼게 되고, 그 상태에서 관계가 중장기적으로 접어들면 소위 '절친'이 된다. 하지만 그 반대라면 비호감의 사이가 되거나 때로는 어떤 사건으로 인해 '절교' 단계에 이르기도 한다. 이러한 특징을 알고 자신을 돌아보면 일상의 인간관계에서도 사회적 만남에서도 유연하고 효과적으로 말할 수 있다.

전혀 처음 보는 두 사람이 서로에 대한 첫인상을 판단하는 데 걸리는 시간은 짧으면 3초에서 길면 30초라고 한다. 대화 전에는 가장 먼저 외모를 본다. 생김새부터 옷차림, 헤어스타일, 신발, 시계까지 외적인 모습이 시각적으로 먼저 인지되기 때문이다. 그 다음은 처음 꺼내는 말의 내용과 목소리가 중요하다. 처음부터 너무 수다스럽거나, 상황 파악을 전혀 못하거나, 예의 없는 모습을 보인다면, 혹은 목소리가 너무 들떠 있거나 말 속도가 너무 빠르다면 결코 호감을 느낄 수 없다.

인간은 결국 편안함을 좋아한다. 불편함을 감수하면서도 계속 만나는 사이에는 일정한 목적이 함께 한다. 가령 상대로 인해 물질적 혜택 등이 있으면 불편해도 맞춰 주고 견디며 만날 수는 있지만, 오래가기는 어렵다.

어떤 사람과의 대화가 편하고 잘 통하는 이유는 무엇보다 관심사나 추구함이 상당히 같기 때문이다. '성격은 달라도 성향은 같다'라는 말이 있다. 한 사람은 외향적이고 한 사람은 내성적인데 둘이 굉장히 잘 통하는 경우가 있다. 물론 서로 다르면 끌린다고 하지만, 본질적으로는 좋아하는 것이 같아야 대화가 흥미롭고 관계도 오래간다. 만약 정치적, 종교적 의견이 다르거나 음악, 음식, 패션, 여행에 대한 취향과 사고방식 등이 전혀 다르면 어찌 잘 어울릴 수 있겠는가?

성향과 취향이 비슷해서 잘 통하는 사이를 보면, 상대가 행여 객관적으로 틀린 말을 해도 그 사람이라는 이유만으로 존중한다. 결국 말 자체의 옳고 그름을 넘어 존중이 결국 호감적 교감의 핵심인 것이다.

물론 표면적 말이나 글 이면의 감정이나 의도도 중요하겠지만, 방법론적인 측면에서 보다 호감적 대화를 잘하고 싶다면 나와 상대의 생각이 다를 때 "그렇게 생각할 수도 있겠네. 내 생각에는~" 이 한마디만 활용해도 단절이나 비호감을 절반 이상은 예방할 수 있다.

예를 들어 상대가 종교의 중요성에 대해 얘기할 때 "아니, 난 종교 가졌다고 다 좋은 건 아닌 것 같아. 교회나 절, 성당 다니고도 바르게 못 사는 사람도 많잖아. 차라리 무교가 나은 것 같아"라고 해버리면, 물론 생각은 자유지만 그 대화는 단절되거나 이어지더라도 그 흐름과 결과 모두 불편해질 것이다.

"그래, 종교를 가지는 것도 참 필요한 것 같아. 그리고 나처럼 아직 종교에 대해 잘 모르는 사람들은 무교로 살아가는 게 좋은 것 같기도 하고"라는 말은 다른 의견임에도 훨씬 매끄럽고 상대를 굳이 자극하지 않는다. 참을 수 없을 정도로 틀렸거나 불쾌한 말을 들었다면 단호하게 표현해야겠지만, 일상에서 굳이 다툼의 불씨가 될 만한 말을 하고 살 필요가 있을까? 그것은 오히려 상대가 아니라 내가 불편해지는 어리석은 일이다.

호감의 말 한마디에 들어 있는 감정은 결국 상대에 대한 존중이며, 그로부터 내 마음의 작은 여유 하나, 한숨 돌리는 안정감도 비롯되는 것이다. '거시기' 하나로 수십 년간 말이 통했던 큰 고모와 둘째 고모는 아마도 서로를 꽤 존중했던 모양이다.

 **Summary**

욕설이나 비속어를 많이 사용한다고 무조건 비호감이 아니다. 습관적으로 상대의 말을 부정하는 말 습관이 비호감이다. '그럴 수도 있겠네', '아 그래서 그랬구나', '그래, 그렇게도 생각해 볼게'와 같은 말투로 바꿔 보자. 상대와의 호감적 교감을 늘릴 수 있을 것이다.

Part 04

# 아마추어가 아니라 프로답게 말하자

## 외유내강의
## 말하기

　우리나라에서 30년 넘게 가방을 만들어 온 수공예 가방 장인의 브랜드 스토리 작가로 참여한 적이 있다. 그분은 자신만의 가방 브랜드를 만들고 싶어했고, 나는 그 브랜드의 이름과 스토리 등 사업 기획 전반을 담당했다.

　하루는 그 장인이 오래전부터 최근까지 만든 다양한 가방들을 소개해 주었다. 25년 전에 만든 것부터 몇 달 전 만든 것까지, 소재나 스타일, 각각에 담긴 의미나 에피소드 면에서 어느 하나 허투루 만든 가방이 없었고, 예쁘고 스타일 또한 좋았다.

　하지만 일을 성공적으로 수행하려면 장점은 잘 살리는 동시에 보완할 점 또한 객관적으로 의논하고 반영해야 한다. 내가 느꼈던 아쉬운 점은 지금의 소비 성향이나 트렌드와는 조금 거리가 멀어 보이는 몇몇 제품들이었다. 하지만 직접적으로 말을 전하기에는 상대방의 제품에 대한 자부심과 그간 쌓아온 시간도 있는 상황이다. '어떻게 말하든 상대가 잘 알아들으면 되는 거 아냐?' 식의 배려 없는 말투로는 자칫 감정을 건드리고 나아가 일까지 그르칠 수도 있다.

예를 들어 "이 가방들은 예쁘고 좋은데, 나중에 보여 주신 저 가방들은 너무 옛날 느낌이고 트렌드에도 맞지 않는 것 같아요. 요즘은 이런 색깔 쓰면 사람들이 관심도 안 가지거든요. 클래식함이 가지고 있는 장점이 있지만, 사업적 측면에서 소비자에게는 전혀 안 먹힐 것 같아요"라고 대뜸 말한다면, 틀린 말은 아니지만 썩 매끄럽고 현명한 대화는 어렵다. 너그럽게 받아들이는 극소수의 사람들을 빼고는 행여 겉으로는 괜찮아 보여도 불편하게 느낄 것이다. 가끔 프로답게 팩트 중심으로 속도감 있게, 핵심을 명확하게 짚어 가며 회의하는 게 좋다고 주장하는 사람들이 있다. 물론 그 이유는 충분히 알겠지만, 다른 방법이 있는데 굳이 그 방법만을 고집하는 건 보통 유연하고 배려 있는 말하기가 어렵기 때문인 경우가 많다.

그렇다면 위의 피드백을 소통형으로 바꿔 보자.

"역시 한 분야에 오랫동안 집중한 분의 가방이라 기성 제품과는 확실히 다르네요. 소재나 색감, 디자인이 깊이 있고 흔하지 않은 게 느껴집니다. 브랜드의 핵심 경쟁력도 확실한 것 같고요. 여기에 지금의 소비자들이 원하는 요소나 시대적인 트렌드를 조금씩 반영하면서 자부심에 판매까지 더하는 가방들을 만들어 가 보시죠. 차근차근 함께 해나갈 생각을 하니 정말 기대됩니다."

같은 말이라도 훨씬 유연하면서 핵심 메시지도 그대로 잘 전달된다. 그렇다고 겉으로 말을 포장하거나 가식을 떨자는 게 아니다. 요리사가 정성껏 만든 요리를 예쁘게 플레이팅하면 같은 음식이라도 훨씬 보기 좋고 분위기도 좋아지듯이, 같은 말이라도 상대에게 예의 있게 플레이팅해서 내놓으면 보다 즐겁고 효과적인 대화가 될 수 있다. 말이라는 재료를 조리 전의 생고기 상태로 상대에게 툭 던지고 있지는 않은지 돌아보자.

무엇보다 상대의 제품이나 컨텐츠를 진심으로 잘 살펴보는 진정성이 우선이다. 그 다음 의견을 말할 때 대상의 장점을 적극적으로 발견하고 긍정을 표하는 한편, 단점이나 보완점이라 생각되는 부분을 자연스럽게 포함시키면 유연하면서도 효과적으로 소통할 수 있다.

 **Summary**

틀린 말을 해서가 아니라 배려 없이 말해서 기분이 나쁜 것이다. 의견을 말하기 전에 상대가 말하려는 내용이나 제품에 대해 먼저 긍정을 표하고, 그 다음 내 의견을 전하자. 배려와 칭찬이라는 윤활유가 있으면 뒤에 하는 말도 더 매끄럽게 전달될 수 있다.

## 손동작이 분주한 건
## 머릿속이 분주해서다

대화 도중 상대방이 손짓을 너무 많이 한다. 동작도 크고 빠르고 모든 말을 동작과 함께 하니 듣는 내 마음도 덩달아 분주해지고, 내용은 귀에 들어오지 않는다.

신뢰감 있게 말하는 사람들은 손동작, 즉 '몸짓 언어'라 불리는 제스처를 깔끔하고 적절하게 사용한다. 제스처를 너무 적거나 작게 사용하면 소극적이거나 생동감이 없어 보일 수 있고, 너무 많으면 번잡해 보이며 집중이 되지 않는다.

'제스처(Gesture)'의 어원은 '제스트(Gest)'로 '나르다, 전달하다'라는 뜻을 가진다. 따라서 손짓과 몸짓은 그저 표현과 행동 방식을 넘어 생각과 마음을 나르고 전달하는 역할을 한다. 제스처가 적당하고 안정적이라면 생각이 잘 정리되어 있고 마음이 편안하다는 뜻이고, 제스처가 너무 많거나 크면 그 반대의 상태라는 뜻이다.

사람은 하고 싶은 말이 있는데 모두 표현하지 못할 경우 반사적으로 제스처를 동원해 그 부족함을 채우려 한다. 예를 들어 큰 주제는 있는데 내용이 잘 생각나지 않거나, 내용은 생각나는데 단어가 잘 떠오르지 않거나, 어휘력이나 언어력, 문장 작성 능력 등이 떨어질 때 그 표현을 대신하려 제스처를 더 많이, 더 크게 사용한다.

'지성의 무게가 행동의 무게다'라는 말이 있다. 지성은 지식과 인성이 만난 말로써 말과 표현에도 영향을 끼친다. 여기서 지식은 그저 학업적으로 많이 공부한 것만을 의미하지 않는다. 진정한 지식은 세상을 보는 범위의 넓이가 넓은 것으로, '아는 만큼 보인다'의 또 다른 말이다. 인성은 예의와 좋은 품성, 사람을 존중할 줄 아는 마음을 말한다.

이러한 지식과 인성이 균형을 이룰 때 비로소 생겨나는 지성의 도톰한 무게감은 표현과 행동의 추가 된다. 즉 표현을 남발하거나 과하게 하지 않도록 도와준다. 따라서 틈틈이 책을 읽고 일과 삶, 관심사에 대한 공부와 수련을 묵묵히 하는 것은 안정적이고 적절한 표현의 기반이 된다.

상대의 눈치를 너무 많이 보거나 과하게 만족시키려는 마음, 상대에게 너무 인정받으려는 마음 또한 분주하고 불안한 제스처를 만든다. 따라서 내 말과 의식의 주인은 나 자신이며, 상대의 반응은 후차적인 반사 현상이라는 생각으로 내 할 말에 차분히 집중해야 한다. 센스 있게 상황을 살피고 인지하는 것도 적당히 필요하지만, 듣는 사람의 생각에 민감하게 반응하고, 무조건 원하는 걸 채워 주거나 괜찮은 사람이 되려 한다면 역설적으로 만족도, 인정도 멀어진다. 내 마음에 중심을 두고, 손동작은 필요할 때 한 번씩 사용하며 차분히 말해 보자.

 **Summary**

대화에서도 무대에서도 제스처는 꼭 필요할 때 외에는 간결하게 하는 게 좋다. 동작이 크거나 과하면 잠깐은 자신 있어 보이거나 도움이 되겠지만, 계속되면 분주해 보인다. 있는 듯 없는 듯 자연스런 제스처가 가장 좋다.

# 꼰대와 멘토의
# 한 끗 차이

강사라는 직업은 책도 많이 읽고 공부도 많이 해야 하지만, 가장 중요한 건 세상과 사람을 궁금해하고 잘 알아야 한다는 것이다. 굳이 강사가 아니더라도 직장이나 가정, 일상생활에서 상대에 대한 관심이 긍정적으로만 발휘되고 또한 그것이 인정받으면 참 좋겠지만, 관심이 있어도 때론 조언이란 명분으로 말하다 보면 본의 아니게 잔소리꾼이 되는 경우가 있다. 말하는 입장에서는 상대에게 도움되라고, 바른 길로 갔으면 하는 마음으로 해 준 말인데 나중에 '잔소리 좀 그만 하세요', '꼰대 같아요'라는 말을 들으면 참 당황스럽기도 하고 속상하다.

## 같은 말이라도 잔소리로 들리면 꼰대, 조언으로 와닿으면 멘토다

잔소리와 조언의 첫 번째 차이는 상대방이 물어봐서 하는 말인지, 일방적으로 하는 말인지에 달려 있다. 상대가 현재 어떤 문제에 대해서 궁금해하거나 물어봤거나 조언을 구했을 때는 내 말을 받아들일 확률이 높다. 반대로, 궁금하지도 않은데 다양한 정보와 예시를 말해 본들 그 말의 옳고 그름이나 유익함의 정도를 떠나 들리지 않는 말이 된다.

한번은 아내가 필라테스 강사 준비를 시작한다고 해서 강의 경험이나 정보, 주의해야 할 일들을 알려줬다. 그런데 내 정성에 비해 별로 고마워하지도, 집중하지도 않는 모습에 혼자 실망했던 기억이 있다. 말의 내용이나 방향이 틀렸던 것이 아니라, 아내는 아직 내가 말한 부분이 그다지 궁금하지 않았고, 당시 다른 해야 할 일들로 본인의 시간이 모자란 상태였다. 서로 대화할 만한 시간이 되는지 혹은 그럴 마음은 있는지, 즉 대화의 타이밍이 적절한지 파악하지 못했던 것이다.

아이들과 얘기할 때도 마찬가지다. 아이들을 키우다 보면 자로 잰 듯 말을 해야할 때만 하는 게 참 어렵다. 부모라면 여러 가지 잘못된 것들이 유독 눈에 많이 띄기 때문에 지적하고 알려주고 싶게 마련이다. 하지만 자녀들이 조언을 구하거나 묻지도 않은 상황에서 부모 입장에서만 유익한 말을 하는데 소통이 될 리가 없다. 참 안타까운 상황이다. 물론 대화할 상황만 마련된다고 끝난 건 아니다. 그것은 최소한의 조건이고 중요한 건 지금부터다. 우선 마음가짐을 이렇게 가져야 한다.

'내가 인생을 더 살았고 경험도 더 있을 수 있지만, 각자 인생이 다르고 세상에 정답은 없다.'

하고 싶은 말의 핵심이 반복되지 않도록 주의하는 것도 필요하다. 말하고 싶은 게 있으면 짧고 굵게 말하고, 관련된 경험담이나 지식들을 이러쿵저러쿵 길게 늘어놓지 말자. 바로 꼰대의 잔소리로 변신한다.

예를 들어 보고서 작성을 더 꼼꼼하게 해야 하는 후배에게 이렇게 얘기했다고 하자.

"보고서 작성은 더 프로페셔널하게, 날짜와 시간도 잘 기입하는 게 좋아. 김 대리가 꼼꼼해야 나도 좋고 본인도 귀찮은 일이 없지. 고급 식당일수록 수저 하나 놓는 거, 메뉴판 정리하는 거 하나하나 엄청 꼼꼼하거든. 앞으로 꼼꼼함에 대해서 진짜 신경 써야 해. 내가 신입 때 내 사수는 자기 할 일만 하고 이렇게 말해 주지도 않았어. 완전 무관심했던 거지. 아무튼, 앞으로 보고 전에 빠트린 거 없는지 다시 한번 꼼꼼하게 살피고, 이게 회사나 선배인 나를 위해서가 아니라 결국 본인을 위한 거라고 생각해야 해. 알았지?"

여기까지 읽는 동안 아마 읽는 걸 포기했을 수도 있다. 물론 좋은 말이지만, 이미 잔소리의 필요충분조건을 너무도 잘 갖추고 있기 때문이다. 앞서 말한 것처럼 '꼼꼼하게'라는 말은 이미 전달이 됐는데도, 중요하다는 생각에 혹은 반복되는 것조차 인지하지 못한 채 계속 같은 말을 하고 있다. 이미 알아들은 이야기는 부디 재방송하지 말자.

또 다른 문제는 소위 '라떼'라 불리는 과거 경험담이다. 시대와 세대, 세상이 바뀌었기에 상대방에게 가닿지 않는 것도 크지만, 본인 에피소드만 나오면 혼자 도취되어 말이 길어진다. 그렇게 간절하게 내 경험을 공유하고 싶으면 블로그나 SNS, 유튜브 채널 만들어서 올리는 게 낫다.

그렇다면 위 상황에서 어떻게 다시 얘기하면 좋을까?

"이번 보고서 작성한다고 수고했어, 김 대리. 갈수록 노력하는 게 보이네. 그리고 일정이랑 시간이 비어 있어서 그 부분들 좀 채워 주고, 한번 더 빠진 거 없는지 확인해서 결재 받자고. 그럼 잘 부탁해."

이처럼 먼저 상대가 한 것들이나 잘해 온 것들에 존중을 표현하고, 하고 싶은 말의 핵심은 한 번만, 짧게 말하면 보다 현명한 조언이 될 것이다.

## 꼰대의 잔소리에는 해설만 있고, 멘토의 조언에는 솔루션이 있다

지적하고 혼내는 것까지는 이해한다. 그런데 알맹이, 즉 그 일에 대한 실질적 대안과 해결책이 없으면 그건 정말 최악이다. 이게 문제고 저게 문제고, 상황이 이렇고 저렇고만 늘어놓으면 잔소리하는 꼰대를 넘어 소위 '진상'이 된다. 멘토들은 말투나 태도도 따뜻하지만, 무엇보다 공감할 수 있는 실질적 해결책을 제공한다. 조언이든 잔소리든, 지적할 목적으로 말을 꺼냈으면 그에 맞는 해결책을 제시할 책임도 있다.

태도적 측면을 보자면, 잔소리하는 사람은 말투나 표현 방식이 일방적이고 권위적이다. '그렇게 해야 돼', '그건 틀려 먹었어', '그게 말이 된다고 생각해?', '잔말 말고 시키면 좀 시키는 대로 해' 등의 강압적이고 닫힌 말투를 주로 사용한다. 이쯤 되면 이런 불만을 가진 사람이 있을 수 있다.

'살면서, 일하면서 때로는 강압적일 수도 있고, 강하게 직접적으로 말할 수도 있지 어떻게 맨날 성인군자처럼 부드럽게만 말해?'

나 역시 사람들과 함께 일해 보고 선배의 역할을 해 봤기에 그런 마음 충분히 이해한다. 다만 그런 불만이 유독 크다면 안타깝게도 꼰대일 확률이 높다. 삶은 100% 한쪽으로만 완성될 수 없다. 주로 잔소리 같은 말투를 사용하는 빈도가 높다면 나와 상대를 위해 개선해야 함을 알고, 한쪽으로 치우친 나의 말하기 균형을 잡아 보자.

이를테면 권위적으로 지시하는 말투에서 추천하는 방식으로 말해 보자. '이번에는 이렇게 해 보는 게 어때?', '그것도 좋지만 이렇게 해봐도 도움될 거야' 등의 권유의 말하기를 한다면, 같은 말이라도 훨씬 호감을 주는 멘토의 조언이 될 수 있다.

**Summary**

좋은 의도라 할지라도 상대가 원하지 않거나, 말이 길어지거나, 해결책이 없으면 잔소리가 될 확률이 높다. 정말 상대를 위하는 마음인지 아니면 내 마음의 답답함을 해소하려는 것인지 점검해 보자. 당신의 좋은 마음이 더 좋은 말하기로 이어질 것이다.

# 업무 대화는
# 칠(Chill)하게 하라

한 의류 회사에서 동업하는 사람들 간에 업무 회의가 진행 중이었다. 새로운 브랜드 런칭에 대한 의견이 오가는 중이었고, 각자 그동안 준비한 의견과 계획을 순조롭게 주고받던 중 의견 대립이 생겼다. 한쪽은 비교적 가격이 낮은 저가 브랜드를 준비해 좀 더 대중적인 방향으로 런칭하자는 의견이었고, 한쪽은 높은 가격의 프리미엄 브랜드가 더 좋다는 의견이었다.

"작년에 우리 회사에서 런칭한 브랜드들의 주요 성공 요인과 판매 실적, 내년 트렌드 분석과 경쟁업체들의 런칭 흐름을 참고했을 때, 저가 브랜드는 이미 대기업에서 자리 잡은 경우가 많고, 온라인 쇼핑몰 및 일반인들의 도매 시장 진입이 손쉬워지면서 저가 브랜드의 경쟁력은 현저히 낮아지고 있습니다. 일정 부분 리스크를 감수하더라도 프리미엄 브랜딩 전략으로 진행하고, 예산은 필요에 따라 순차적이고 보수적으로 지출해 나가면 된다고 봅니다."

그러자 또 다른 동업자가 말한다.

"다 맞는 말이긴 한데요. 솔직히 제가 지금 준비하는 브랜드에 오래전부터 얼마나 애정을 쏟았는지 아시잖아요. 밤잠 설쳐가면서, 할 거 못 하면서 기획서 작성하고, 살림한다고 쉴 시간도 없는 아내까지 동원해서 정말 열심히 준비한 브랜드인데 이렇게까지 의견 충돌이 일어나니 좀 섭섭합니다. 이런 식이라면 그냥 손 놓고 싶은 마음도 생기네요."

물론 인간의 감정은 존중받아야 하고 소중하다. 다만 비즈니스의 영역에서 감정을 잘못 호소하다가는 설득력이 떨어지는 건 둘째 치고, 프로답지 못한 이미지를 주어 신뢰감을 떨어뜨린다. 업무적 회의 내용에는 회사나 단체, 즉 개인이 아닌 구성원 전체의 자금 사정과 성장 가능성이 전제되어 있다. 한정된 회의 시간 안에 최대한 객관적이고 효율적으로 사안을 판단하는 것이 중요한 것이다. 그런 시간에 개인의 감정 호소가 주가 된다면, 옳고 그름을 떠나 상황과 전혀 맞지 않는 당황스러운 장면이 펼쳐진다.

따라서 사적인 감정 표현은 가능하면 피하되, 다만 그것이 회의나 업무 내용과 연관이 있는 경우에는 어느 정도 도움이 될 수는 있다. 예를 들어 앞서 나온 의견 중, 아내가 지금 진행하는 업무와 관련된 경험이나 정보를 가진 전문가이거나 실질적 수치, 정보를 가지고 있다면 아내의 이야기도 언급할 수 있다. 또는 마냥 섭섭하다는 푸념보다는 미리 정한 계획이나 약속, 계약이 있다면 그에 대해 언급할 수도 있다. 단, 감정은 일부만 포함하는 게 좋다.

"먼저 말씀하신 내용에 상당 부분 공감해요. 제 의견도 좀 드리자면, 8년간 온라인 스토어 운영과 홍보를 해온 제 아내의 말로는 대기업 저가 브랜드가 자리 잡고 일반인의 도매 시장 접근이 쉬워진 것의 영향이 실질적으로는 그리 크지 않고 해요. 유사한 사업을 하는 자영업자들도 품질 좋은 저가 상품을 추구하는 소비 트렌드의 매출이 매년 오르고 있다고 합니다. 그리고 이미 저가 브랜드에 대한 논의가 상당 부분 진행되었는데, 급작스런 방향 선회는 시간적, 인력적, 물질적 손해를 끼칠 확률이 크다고 봅니다."

사적인 감정이나 이야기는 회의 후 추가로 마련되는 회식이나 티타임 자리에서 분위기가 형성된다면 일부 공유할 수 있겠지만, 그 역시도 크게 득 될 게 없다면 내 마음의 서랍에 그냥 넣어 두는 게 더 낫다.

이처럼 업무적인 스피치에서는 되도록 객관적인 의견과 경험에 기반한 실질적 이야기, 통계 자료처럼 수치로 말할 수 있는 정보, 유사 분야의 현재 정보, 전문적 의견을 토대로 이야기해야 한다. 또한 같은 표현과 단어라도 조금 더 프로다워 보이는 단어를 선택하면 좋다. 다만 업무적으로 말하다 보면 자칫 말투가 경직되고 날카로워 보일 수 있는데, 내용이 이미 객관적이기 때문에 오히려 가벼운 미소와 함께 힘 빼고 편하게 말하는 것이 좋다. 물론 잘 듣고 유연하게 대화하는 것은 늘 중요하다.

기억하자. 아마추어는 늘 감정과 주관적 사정이 우선되고, 진정한 프로는 경험과 사실을 기반으로 확신 있게 말한다.

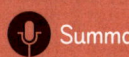

감정을 제어하지 못하거나, 개인적 이야기가 많이 포함된 말은 아마추어의 느낌을 준다. 유연한 프로가 되고 싶다면 말하기의 객관성을 유지하는 지혜가 필요하다.

# 토론형 대화에서
# 유연하게 설득하는 법

인간이 종교를 꼭 가져야 한다고 생각하는 민철이와, 종교 없이 살아도 된다고 생각하는 정석이가 각자의 입장을 말하며 대화 중이다.

> **민철** 사람이라는 존재가 별 문제 없을 때는 다들 자기 신념이나 철학을 가지고 사는 것 같지만, 힘들거나 감당할 수 없는 일이 생기면 결국 나약한 생명체로 돌아가거든. 그래서 종교가 필요하고 신에게 의지할 수밖에 없음을 인정해야 해.
> **정석** 야, 그건 완전 네 생각이지. 종교 없이 잘 사는 사람

> 도 많아. 네가 종교를 가졌다고 다른 사람한테 그렇게 설득하려 드는 건 잘못된 사고방식인 것 같아. 성공한 사업가나 유명 연예인 중에서도 무교인 사람들 많거든. 너 너무 보수적인 거 아니야?
>
> `민철` 보수적이긴 뭐가 보수적이야, 이게 그거랑 무슨 상관이냐? 그리고 너를 설득하려는 게 아니라 그냥 내 생각이 그렇다는 거지. 성공한 사람들 중에 누가 무교인데? 그 사람들도 결국 힘들면 종교를 찾게 돼 있다니까.
>
> `정석` 지금 네가 말하는 방식 자체가 보수적이야. 네 틀 안에서 안 벗어나려고 하잖아. 종교 없이도 괜찮게 잘 사는 사람 많다니까. 일일이 말 안 해도 그 정도는 알아들어야 하는 거 아냐? 답답하다 정말.

 살다 보면 카페에서 차를 마시다가, 혹은 차 안에서나 술자리 등 여러 상황에서 다양한 주제로 토론 혹은 논쟁이 발생하기도 한다. 하지만 대화법에 조금만 신경 쓰면, 대립형 논쟁보다는 유연하게 의견을 교류하는 분위기가 될 수 있다. 위 두 사람은 그저 각자의 의견을 말하고 있는 듯하지만 대화를 논쟁으로 끌고 가는 포인트들을 가지고 있다. 짚어 보고 더 유연한 방향을 대입해 보자.

### 서두에는 수용의 표현을 먼저 하자

두 사람은 처음부터 각자의 다름을 수용하지 않고 상대방이 틀렸다는 강한 어조로 말을 시작했다. 기독교, 불교, 천주교를 포함한 종교 선택의 자유는 누구에게나 있으며 무교 역시 자유다. 마음이 열려야 귀도 열린다. 마음이 닫혀 있거나 서로가 비호감인 상태에서 다양한 지식과 논리를 펼쳐 봤자 그저 잔소리 혹은 잘난 척, 꼴값에 지나지 않는다.

예를 들어 민철의 첫 번째 말이 끝나고 정석이 이렇게 말했다면 어떨까?

"물론 종교를 가지는 것도 중요하다고 생각해. 네 말처럼 나 역시도 정신력으로는 한계가 있다는 걸 느끼거든. 그런데 아직 나는 종교를 잘 몰라서 그런지 지금 이대로도 좋더라고. 주변에 크게 성공한 사업가 형이 있는데 그 형도 종교가 없어서 그런지 무교도 괜찮은 건가 싶고."

상대의 말에 공감이 되지 않더라도 우선은 그렇게 생각할 수도 있음을 존중하는 것은 가식이 아니다. 그렇게 함으로써 다음에 이어질 나의 말이 더 잘 전달되도록 길을 낼 수도 있다. 특히 존중과 호감을 표현할 때 위 예시의 '네 말처럼' 같은 말을 넣으면 더욱 효과적이다.

### 목소리는 작게, 한 발짝 물러서서 말하자

굳이 상반되는 의견을 큰 목소리로 강조하면서 설득하려 하지 말자. 대신 한 발짝 물러서서 '난 아직 종교를 잘 몰라서' 같은 식으로 가볍고 편하게 의견을 말해 보자. 손바닥도 부딪쳐야 소리가 난다. 굳이 화를 내거나 의견을 강하게 말해 본들 마음만 앞설 뿐 설득력과 전달력은 현저히 떨어진다. 이럴 때는 목소리가 큰 것보다는 잘 들리기만 하면 되고, 또박또박한 발음과 훈련된 발성은 오히려 방해가 된다. 서로 흥분해서 각자의 말만 주장하다 끝나는 대화는 에너지와 시간 낭비일 뿐이다.

### 대화 내용을 벗어난 비방은 피하자

정석의 말 중에 '그건 네 생각이다', '틀에 갇혀 있다', '너무 보수적이다' 같은 표현들은 감정적 상태에서 내용과 무관한 인신공격성 발언을 한 것이다. 상대도 사람이기에 내 성향이나 취향이 부정되거나 공격 받았다고 느껴지면 더 이상 대화가 아닌 말싸움이 되어 버린다. 이런 식의 말하기는 친한 사이에서 많이 일어나는데, 특히 '너 학교 다닐 때도 그러더니 아직도 그러냐?' 같이 과거의 일을 끌어들여 갈등이 심화되는 경우도 있다. 이기고 싶은 마음에 인신공격을 하거나 과거를 들추는 실수를 피하자.

### 은근한 논리로 은근히 설득하자

대화에서 논리 전개는 은근히 하는 것이 효과적이다. 보통 논리적이라 하면 '말의 앞뒤가 맞고 주장의 핵심 내용이 잘 지켜지면서 비유나 관련 근거들이 적절히 활용되어 설득력이 있다'는 뜻이다. 앞서 나온 민철의 말을 논리적 구조에 맞게 다시 말해 보자.

"정석이 네 말처럼 종교가 없는 것도 충분히 이해해. 하지만 우리 둘 다 좋아하는 석천이 형도 자기관리도 잘하고 자기 가치관도 강한데 몇 개월 전부터 교회에 나간다고 하잖아. 종교라는 게 있다가 없을 수도 있고, 없다가 있을 수도 있는 것 같아. 우리의 입장도 현재 이런 것일 뿐이지 정답은 없다고 생각해."

석천이 형이라는 공감대가 등장하고, 맞고 틀림의 구도가 아닌 중립의 구도를 만들어 되레 정석이 민철의 의견에 공감할 확률이 높아졌다.

 Summary

종교를 예로 들었지만 정치, 경제, 연애, 음식 등 기타 다양한 주제를 대입해 보면 그 중심과 맥락은 유사하다. 당장 논쟁에서 이기려는 성급함보다, 오히려 한 발짝 물러서서 말하는 여유가 당신의 대화를 더 힘 있게 해 준다는 것을 명심하자.

## 메신저 대화에서 이모티콘은 적당히

전문적으로 제품 사진 촬영을 할 일이 있어서, 전문가를 찾아 주는 어플리케이션을 사용해 조건이 맞는 사진 작가를 찾았다. 경력도, 소개글도, 포트폴리오도 모두 마음에 들어서 그 사진 작가와 작업하기로 마음먹고 우선 메신저로 작업 내용과 의견을 주고받았다. 첫 번째 메시지가 왔다.

> 안녕하세요^^ 사장님~ ☆ 이번에 사진 작업하게 된 ○○ 스튜디오 △△△ 작가에요. 모자 제품 찍는다고 하셨는데, 어떤 제품인지 사진 먼저 보내주세요^^ ☆☆

사진을 보냈고, 다시 답장이 왔다.

> 어머~^^ 모자가 너무 예뻐요♥ 제가 예쁘게 잘 촬영해 드릴게요!!! 촬영 전 준비 사항은 문서로 드릴게용~!!! 👍

물론 친근감 있고 활기차게 보이려는 노력과 그 마음은 알지만, 감정 표현과 이모티콘이 너무 많아서 자칫 어수선해 보이거나 프로페셔널하지 않게 보일 수 있다. 옷으로 비유하자면, 뽀로로 노랑 티셔츠에 파란 바지, 흰색 구두를 신은 듯한 느낌이다. 표현하고자 하는 게 너무 많거나, 적극성이 과하거나 혹은 어색한 마음에 무의식적으로 사용할 수도 있고, 때로는 너무 이모티콘을 안 써서 누군가에게 지적을 받은 나머지 극단적으로 너무 과하게 사용하기도 한다.

만약 아직 친하지도 않고 일로써 메시지를 주고받는 상태라면, 한두 개 정도의 적당한 이모티콘이나 감정 부호는 친근하고 유연한 소통에 득이 되지만 과한 사용은 전문성과 신뢰성을 떨어뜨린다.

앞선 메시지를 이렇게 바꿔 보자.

> 안녕하세요. 이번에 사진 작업하게 된 ○○ 스튜디오 △△△ 작가라고 합니다. 반갑습니다. 귀사에서 제작하신 여름 모자 사진 촬영하시는 걸로 알고 있습니다. 촬영하실 제품

> 사진 먼저 보내 주시면 촬영 준비에 참고하겠습니다. ^^

> 오~! 모자가 트렌디하고 예쁘네요. 함께하게 된 만큼 좋은 결과물 나오도록 잘 촬영하겠습니다! 촬영 전 필요 및 준비 사항은 메일로 드렸으니 확인 부탁드립니다. 감사합니다.

온라인으로 비즈니스와 관련된 기초 소통을 하는 단계에 이 정도면 충분하다. 고객의 입장에서 한 번도 본 적 없는 전문가를 선택했는데 과하고 가볍게 메시지가 온다면 어색하고 당황스러울 수 있다. 밝고 친근한 건 좋지만 상대와 상황에 따라 적절하게 이모티콘과 감정 부호를 조절하는 현명한 사용법이 나의 일상과 업무에 도움을 준다.

 **Summary**
이모티콘은 온라인 대화에서 좀 더 친밀하고 다양한 감정 표현을 도와주지만, 너무 과하면 정신없거나 가벼워 보일 수 있다. 최근 나의 메신저 사용 내역을 보자. 나는 어떻게 메시지를 주고받고 있는가?

# 현명한 겸손과
# 어설픈 겸손은 다르다

수업 후 한 수강생분이 나에게 찾아와서 말했다.

"선생님, 이번 과정 정말 좋았어요. 배우고 싶은 내용을 재미있게 알려 주셔서 더 좋았습니다."

강사로서 참 감사하고 기분 좋은 말이다. 어떻게 대답하면 좋을까? '그래, 기분은 좋지만 우쭐해하지 말고 차분히, 겸손하게 말해야지'라고 생각하며 말문을 연다.

"아니에요. 아직 모자란 게 많은데 그렇게 말씀해 주시니 부끄럽네요."

얼핏 별 문제 없어 보일 수도 있지만, 사실 이 대화에는 잘못된 겸손이 만들어 낸 치명적 결함이 있다. 진정한 겸손의 의미를 모른 채,

상대의 인정과 칭찬에 그저 자신 없는 모습으로 매너 없이 반응한 것이다.

겸손의 기본 의미는 '자신을 낮추고 남을 존중하는 마음'이다. 여기서 자신을 낮춘다는 건 뭔가를 잘했으면서 그저 부족하다고 말하는 게 아니다. 심지어 어떤 사람들은 몸까지 움츠리거나 숙이면서 말한다. 어렸을 때부터 "늘 겸손해야 한다. 사람이 잘난 체하면 적이 생겨"라는 말을 즐겨 하셨던 부모님 세대의 영향도 있고, 일단은 겸손하고 봐야 한다는 막연한 생각이 만들어 낸 결과다.

나를 낮춘다는 건, 내가 부족하다는 걸 강조하는 게 아니라 다른 사람의 힘도 있었기에 가능하다고 말하는 것이다. 즉 '나 혼자 주인공이 되지 않고 모두가 주인공이라 말하는 것'이다. 이것을 토대로 앞선 수강생의 칭찬에 대답해 보자면 다음과 같이 말할 수 있다.

"네, 감사합니다. 수업이라는 게 강사도 잘해야 하지만 좋은 수강생분들을 만나야 가능하거든요. 저 역시 감사드리고요. 좋은 시간 되셨다니 뿌듯합니다."

부디 이런 원리들을 일차원적으로 외우는 식으로만 접근하지 말길 바란다. 모든 좋은 말하기가 그렇지만, 단순히 말의 내용만 앵무새처럼 반복하면 소위 발연기처럼 진심과 자연스러움이 사라질 위험이 있다. 겸손하기 위한 방법을 이해함과 동시에, 진짜 삶에서 겸손한 태도를 가지면 말하기는 덤으로 따라오는 것이다.

한 스님이 손님과 식사를 하며 이렇게 말한다.

"이 밥상에는 참 많은 수고가 들어 있습니다. 우리는 그저 차려 놓은 밥상을 먹은 후에 그릇을 정리하고 설거지를 하고 나면 내가 할 건 다 했다고 생각할 수 있지만, 누군가는 쌀과 나물 반찬을 위해 일 년 전에 논과 밭을 갈고, 씨를 뿌리고, 수확하고, 그것을 누군가가 다듬어 운반하고, 그것으로 누군가는 식사를 준비해서 식탁을 차리지요. 그런 수많은 사람들의 땀이 모여 이 밥상 위에 올라온 것입니다."

내 돈 주고 내가 사먹는 것임은 틀림없지만, 보이지 않는 것들에 항상 감사한 마음을 지니고 있다면 그런 사람은 겸손하지 않을 수 없다.

국가대표 축구 선수이자 프리미어리그에서도 최고의 경기력을 보여 주고 있는 손흥민 선수는 최고 평점을 받고 무려 세 골을 넣은 경기 후에 이렇게 말했다.

"기분 좋습니다. 팀이 어려운 시기에 오늘 같은 경기를 할 수 있다는 건 아주 영광스러운 일이죠. 최근에 감독님이 새로운 전술과 움직임을 가르쳐 주셨고, 동료 팀원들과 함께 열심히 연습했습니다. 오늘도 동료들이 최선을 다해줬고, 덕분에 함께 승리하고 위기를 벗어날 수 있었습니다. 특히 해리 케인 선수가 본인의 슈팅 기회를 저에게 양보해서 골까지 넣을 수 있었죠. 우리 팀에게 고맙다는 말을 하고 싶어요. 남은 경기에서도 계속 좋은 결과 보여 드리겠습니다."

그의 겸손한 말 뒤에는 축구 코치이자 멘탈 파트너인 아버지 손웅정의 영향이 있었다. '축구는 팀 스포츠이고 절대 혼자만 잘해서 되는 게 아니다', '스스로를 단련하고 실력을 키우되 결국 모두가 힘을 모아야 좋은 결과를 만들 수 있다'는 근본적인 마음가짐을 키워 준 것이다. 실제로 그런 마음가짐으로 동료를 존중하고, 그 존중으로 좋은 팀워크와 결과가 나오는 것이다.

단, 주의할 점은 실력이 아직 오르지도 않았고 성과가 나지도 않은 상태에서 억지 겸손을 보이는 것이다. '벼는 익을수록 고개를 숙인다'는 말의 핵심은 '숙임'이 아닌 '익음'이다. 익음은 좋은 결과와 성과를 의미하므로, 뭔가를 위해 노력하는 중간 과정에 있다면 숙이고 움츠리기보다는 자신 있게 밝게 말하고 나아가는 힘이 필요하다. 익으면 알아서 숙여지는데 왜 미리 억지로 숙이는가? 겸손도 때와 시기를 잘 구분해야 한다. 성과도 결과도 없으면서 마냥 자신을 낮추면 소심하고 자신 없어 보인다.

세상은 혼자 살 수 없고, 내가 다한 것 같아도 분명 누군가의 조력이 있다. 때론 날씨가 도움을 줬고, 심지어 이전에는 답답했던 상황이 나중에 도움이 되어 일이 술술 풀리기도 한다. 이처럼 사람 일이란 여러 힘과 마음이 모여 이뤄진 것들이 대부분이다.

진정한 겸손이란 삶에 대한 감사와 겸허한 마음과 동시에 상대방과 환경에 감사할 줄 아는 태도를 말한다. 겸손하되 확신이 있어야 한다. 그래야 겸손이 실이 아닌 득이 된다.

 **Summary**

겸손이란 무턱대고 그저 자신이 부족하다고 말하면서 부끄러워 하는 게 아니다. 감사하고 낮은 자세를 가져야 하는 건 맞지만, 겸손하려다 자칫 자신없어 보이고 약한 사람으로 오해 받는 일은 없어야 한다. 벼는 익어야 고개를 숙이는 것이지 익기도 전에 숙이는 법부터 배우면 곤란하다. 좀 더 자신 있게 살아도 괜찮다.

# 남을 설득하려면
# 나 자신부터 설득하라

　객석의 청중들에게 하는 연설부터 업무상 고객과의 미팅에 이르기까지, 스피치의 근본적 목적은 무엇일까? 정보 전달? 감동? 궁금증 해소? 사람과 상황에 따라 조금씩 다르겠지만, 보통 그 목적은 '설득'에 있다. 누군가를 억지로 어르고 달래서 내 말을 듣게 하는 것도 설득의 일부겠지만, 진정한 설득의 완성은 내 말에 상대방이 공감을 느끼고 결국 행동하게 하는 것까지를 말한다.

　물론 설득하려고 아등바등 분주하게 노력하자는 말은 아니다. 이번 장에서는 기왕 하는 말이 가능하면 듣는 이들에게 더 잘 전달되고, 이해를 넘어 공감과 행동으로 이어지게 하는 핵심 요소를 소개하려 한다.

설득에 있어 가장 중요한 것은 무엇일까? 바로 '남을 설득하기 전에 말하는 내가 먼저 설득되어야 한다'는 것이다. 대화법과 스피치 코칭을 하다 보면 비유나 예시, 유머, 논리 등 다양한 기술에 대해 궁금해 하는 사람들이 있는데, 사실 그런 것들은 매우 부차적인 요소이다.

만약 어떤 컨텐츠나 상품을 소개하면서 정작 본인 스스로도 소개하는 대상에 대해 확신하지 못한다면, 그것은 극단적으로 말해 일종의 '사기'가 될 수도 있다. 내가 잘 모르거나 경험하지 못한 걸 소개하는 상황이라면 차라리 잘 모른다고, 내가 아는 만큼만 인정해야 조금이라도 설득력 있는 말하기가 가능하다. 가령 맛집 한 곳을 소개하더라도 내가 두세 번은 가보고 확신이 생겨야 설득의 기본 재료와 에너지가 생긴다.

전문 쇼호스트분들과 수업하면서 알게 된 사실은, 정해진 방송을 위해 짧게는 몇 주 전, 길게는 몇 달 전부터 본인이 방송할 제품을 일상생활에서 직접 사용해 보고, 착용해 보고, 먹어 본다는 것이었다. 제 아무리 말재주 좋은 쇼호스트들이라도 본인이 경험하지 못하면 설득력이 떨어지는 것은 물론, 말에도 힘이 없고 소위 억지로 내용을 쥐어짜야 하기 때문에 힘들다는 것이다.

설득력 있는 말하기의 핵심은 '내 몸을 통과한 말', 즉 직접 경험하고 깨닫고 좋다고 느낀 그 사람만의 시각에서 우러나온 말이다. 인간은 그런 말을 할 때 가장 자기답고 힘 있는 말을 할 수 있다. 자동차 영업을 해야 한다면 판매하려는 자동차를 직접 운전해 보고, 친구나 가족과도 함께 타보고, 장거리도 가 보면서 그 자동차의 장점과 아쉬운 점을 파악해야 한다. 강사가 사람들에게 전하는 내용은 자신이 직접 살아 보고 깨달은 것이어야 한다. 학교에서의 발표나 다양한 프레젠테이션도 마찬가지다. 내용을 잘 전달해서 공감을 이끌어 내야 하는데, 내용이 몇 가지 얕은 생각과 욕심으로만 채워져 있다면 그런 발표는 설득력을 가지기 어렵다.

직접 경험한다는 것은 몸소 겪는 것을 우선으로 하지만, 책을 보거나 관련 분야에 대한 깊이 있고 지속적인 학습을 통해 무언가를 깨닫는 것일 수도 있다. 결국 시간, 정신, 마음의 묵묵하고 성실한 투자가 더해질 때 스스로를 먼저 설득할 수 있고, 그로부터 나오는 말과 목소리로써만 다른 사람을 설득할 수 있다.

**Summary**

상대를 설득하고 싶다면 말의 내용에 대해 내가 먼저 확신이 드는지, 경험해 봤거나 전하고 싶을 정도로 잘 알아봤는지 돌아보자. 머리에서 시작된 말은 머리로 전달되는데 그치지만, 단단한 마음에서 시작된 말은 마음으로 깊이 전해진다.

Part
05

# 무대 위
# 당당한 나로 서는 법

## 스피치는
## 나만의 드라마다

저는 자립성이 뛰어나고 소통을 중요하게 생각하는 사람입니다. 어려운 일이 생기면 포기하지 않고 끝까지 해결하는 성격이며, 사람들과 협동하고 서로 도움을 주는 것 역시 중요하다고 생각하는 사람입니다. 저는 세상을 살아가는 데 있어 자립성과 어울림, 두 가지를 매우 중요하게 생각하는 사람입니다.

어렸을 적 부모님은 오랫동안 맞벌이를 하셨습니다. 초등학교 2학년이었던 저는 학교에서 돌아오면 늘 혼자였고 밥 챙겨 먹기,

> 설거지, 청소, 빨래 널고 개는 일을 해야 했습니다. 그때부터 자취를 하면서 혼자 저를 챙기는 법을 배웠습니다. 그러다 보니 사람들과의 어울림, 함께하는 시간이 얼마나 소중한지를 깊게 느끼며 자랐습니다. 그 시간을 통해 자립성과 어울림을 배울 수 있었습니다.

두 가지 자기소개는 같은 말을 하고 있다. 하지만 다르다. 무엇이 다를까? 두 번째 글에는 스토리가 있다. 첫 번째는 머리와 귀에만 들리는 스피치고, 두 번째는 마음으로 듣는 드라마 스피치를 한 것이다.

스피치에는 여러 종류가 있다. 그만큼 필요와 이유도, 배우고자 하는 부분도 사람마다 다르다. 자기소개, 신상품 발표, 강의, 사회(진행)와 일상에서의 대화, 설득 등도 스피치다.

우리가 좋아하는 유명 강사들의 강의 등 계속 듣게 되는 스피치의 대부분은 어떤 특징이 있을까? 바로 스토리가 있다.

우리는 도움이 되며 영양가 있는 말을 들으려 한다. 하지만 교육적인 설명과 이론적인 내용만 나열해서 말하는 것은 자격증 시험, 자격 검정, 자격증 취득 등의 특별한 목적이 있지 않고서는 오랫동안 듣는 것이 힘들다.

사람들은 이야기를 듣고 싶어 한다. 말하자면, 교육의 효과가 있는 스토리를 듣고 싶어 하는 것이다. 경험, 삶의 이야기, 실수담을 들을 때 우리는 귀를 기울이고 계속 듣게 된다. 이야기에는 사건이 있고, 생동감이 있다. 궁금하게 만들고 상상하게 만드는 것이다. 바로 호기심과 상상이 드라마의 기본 요소이다.

'드라마(Drama)'라고 하면 TV 속의 드라마를 떠올리는데, 드라마는 '행동하다'라는 뜻을 가진 그리스어 '드란(Dran)'에서 비롯된 말이다. 스피치를 잘하고 싶다면 움직임과 행동이 있는 살아있는 말을 할 줄 알아야 한다.

그럼 드라마틱한 말을 하기 위해 필요한 것은 무엇일까? 의외로 단순하다. '경험'을 말하는 것이다. 구체적으로는 경험 속의 장소, 사람 그리고 그때 당시의 내 느낌, 마음 상태, 생각을 이야기하는 것이다. 구조적으로 보면 동사, 형용사, 감탄사 등을 적절히 사용하여 거기에 자신의 느낌을 더하는 것이다.

> 어제 오랜만에 친한 친구를 만났는데, 그 친구랑 자주 가던 중국집에 가서 맛있게 밥도 먹고 이런저런 이야기도 하고 참 반갑고 좋았어. 결혼하고 나서 이런 시간 참 오랜만이었는데, 기분도 좋고 옛날 생각도 나더라고.

> 어제는 집에 있는데 갑자기 전화 한 통이 오더라고, 모르는 번호가 떠서 받지 말까 하다가 조심스럽게 '여…여보세요…?' 하고 그냥 받았거든. 근데 웬일이니? 10년 전 고등학교 때 단짝 지연이더라고. 그렇게 급하게 고등학교 앞에 있던 중국집에서 만나서 짬뽕이랑 짜장면을 시켜 놓고 옛날 얘기한다고 3시간 동안 수다를 떨었다니까.

빠른 시간에 핵심만 얘기해야 하는 상황이 아니라면 사람, 장소, 느낌에 충실한 두 번째의 이야기가 훨씬 생동감 있고 집중될 것이다.

공연할 때 사용하는 대본에는 세 가지 요소가 있는데 '해설', '지문', '대사'이다. '해설'은 장소나 상황을 설명하고, '지문'은 감정 상태를 말하며, '대사'는 오갔던 말을 일컫는다.

다시 말하지만 사람들은 이미 드라마 스피치의 능력을 가지고 있다. 바로 자기 경험을 구체적으로 말하는 것이다. 그 안에는 에피소드가 있다. 에피소드가 스피치가 되려면 그 사건과 경험의 끝에 핵심 메시지가 있어야 한다. 에피소드를 나열하는 데서 끝나면 수다가 되고, 에피소드에 핵심 주제와 말하고자 하는 메시지가 있으면 강의가 되고 재미와 의미가 있는 스피치가 된다.

다른 예시를 통해 계속 알아 보자.

대학 동기인 20년지기 친구와 함께 고깃집에서 갈빗살과 보글보글 끓는 된장찌개에 맛있게 밥을 먹고 있었어요. 그런데 식당 안에 들어서면서부터 거슬리던 것이 있었는데, 서빙 하는 분의 목소리가 너무 큰 거예요. 필요 이상으로 톤이 높고 소리를 지르는데 "4번 테이블에 2인분 추가요! 네, 갑니다! 음료수 달라구요? 네!" 활기차거나 보기 좋은 것이 아니라 시끄럽고 불쾌감마저 느껴지더라고요. 그렇게 밥을 먹는 내내 불쾌해서 자칫 그 사람에게 한소리 할 것 같아서 이래저래 불편했습니다. 그러다 친구에게 "야, 여기 다시는 오지 말자. 뭐냐? 저 사람, 진짜 상식 이하다"라고 했는데, 밥을 먹던 친구가 조용히 한마디 하는 거예요. "그래, 좀 그렇긴 하네. 근데 너 혹시 들어올 때 여기 가게 간판 봤냐?" 확인해 보니, 가게 이름이 '으악새'였어요. 저는 잠시 생각에 잠겼죠. 나중에 듣기로는 그 시끄럽게 서빙 하시던 분이 사실은 청각에 장애가 조금 있는 분이었고, 가게 사장님의 도움으로 그 가게의 전담 운영 매니저를 하고 있었습니다. 그분이 일하는 모습을 보고 '으악새'라는 가게 이름도 다시 지어지게 된 것이죠. 그분은 신나게 열심히 하려다 보니 보통보다 큰 목소리로 말했고 겉보기에 이상해 보일 수도 있던 것이었어요.

여기까지의 일상 에피소드가 있다면 이 사건을 통해 최종적으로 핵심 메시지를 정리해 보자.

> 저는 여기서 하나의 깨달음을 얻었습니다. 긍정적으로 살아간다는 건, 그저 억지로 좋게만 생각하는 게 아니라 통찰력을 키우는 것이라는 사실을 말이죠. 빙산의 일각처럼 눈에 보이는 현상만 보고 사람과 상황을 내 마음대로만 판단하는 것이 아니라 좀 더 깊이 보고 넓게 보는 마음을 가져야겠구나, 공부를 더하고 책을 더 보는 이유는 지식의 더함이 아니라 세상을 좀 더 긍정적이고 유연하게 살기 위한 것이구나 느끼게 된 것이죠.

그리고 여기서 다시 청중에게 화두를 던지며 마무리하면 나만의 경험이 우리 모두의 생각거리가 될 수 있다.

> 최근 내가 만난 '으악새'는 없는지, 나는 사람이나 상황을 주로 어떻게 대하고 해석하고 살아가는지, 내가 못 보고 몰랐던 것을 이해하려 노력한다면 우리는 좀 더 즐거운 삶을 살 수 있지 않을까 하는 생각을 해 봅니다.

자신만의 메시지로 마무리하며 모두가 생각해 볼 만한 스피치로 이끌어 가는 것은 스피치에서 매우 중요한 부분이다. 스피치를 잘하는 데 있어 일상 속 나만의 드라마인 경험들, 때론 삶의 아팠던 기억이나 변화의 사건들을 생동감 있게 이야기하면 청중들은 집중하고 감동과 깨달음을 전달받는다.

아직 어렵고 조심스러운 이야기는 마음의 동의와 치유가 필요할 것이니 스피치를 위해 무조건 이야기하는 것은 피하자. 스피치는 무엇보다 마음의 건강함이 먼저라는 것을 잊지 말고, 가벼운 일상 속에도 크고 작은 드라마는 있으니 우선 거기에서부터 출발해 보자.

모두가 아는 스피치의 원칙, 원리도 중요하지만, 나만이 할 수 있는 드라마 스피치는 곧 내 경쟁력이다. 또한 내 이야기를 하는 것이기에 스스로도 말하는 것이 즐겁고 재미있다.

 **Summary**

스토리텔링은 스토리라는 이야기의 나열과 플롯이라는 이야기 속 인과관계, 구체적 사건들로 이루어진다. 드라마틱한 이야기는 플롯이라는 구체적 사건과 그 속의 느낌, 경험, 깨달음으로 만들어진다. 삶의 이야기를 선택하고 그 이야기 속에 들어 있는 상황, 오고간 이야기, 느낌과 생각이 담긴 플롯들을 이야기하며 드라마틱한 스피치를 연습해 보자.

# 흥미로운 스토리텔링과 드라마 스피치의 조건

드라마 스토리텔링에는 대표적인 조건들이 있다. 이는 연극, 영화, 소설 등 우리를 집중하게 하는 작품에도 존재하는 요소들이다.

● **인물과 성격 人物, Character**

'캐릭터'는 인물의 성격이다. 이는 같은 상황도 다르게 만들고 듣는 사람으로 하여금 흥미를 유발하는 기초 요건이 된다. '소심하고 말하기를 즐기지 않았던 저는'으로 시작하는 것과 '어렸을 때부터 나서기를 좋아하고 대범한 성격이었던 저는', '소심하지도 않고 그다지 대범하지도 않은 평범했던 저는'으로 시작하는 것은 뒤에 같은 상황이 오더라도 분명 다른 전개와 사건, 느낌, 흐름을 만들어 낸다. 드라마나 영화를 봐도 각자 다른 인물이 등장한다. 비교적 비중이 작은 조연이라 해도 각각의 성격과 느낌, 목표를 가진 인물이 등장하며 때론 주연보다 더 주목을 받기도 한다.

그렇다면 스피치에서 캐릭터란 무엇일까? 자신의 성격, 특징(장단점), 소망, 과거, 현재의 마음 등을 돌아보고 나 자신의 정체성을 명확히 하는 것이라 볼 수 있다. 그러다 보면 자신을 알게 되고 이해하게 된다. 세상 그 누구도 아닌 나만의 이야기들이 나온다. 그 속에는 '나'라는 캐릭터가 있다.

정답은 없다. 우리는 각자 한 명 한 명의 남들과 다른 소중한 삶과 특징을 가진 고유의 캐릭터이다. 키가 클 수도 있고 보통일 수도 있으며 작을 수도 있다. 학력은 중졸, 고졸, 대졸, 대학원, 유학파일 수도 있고 때론 초등학교 졸업이나 무학일 수도 있다. 종교도 다를 수 있고, 생김새, 음식 먹는 취향, 알레르기, 건강 상태 등도 제각각이다. 나 자신에 대해 돌아보고 알아가다 보면 과거, 현재 또는 미래의 꿈에서 소중한 스피치의 원석을 발견하게 된다.

### • 목표 目標, Goal

소망, 욕망 또는 꿈이라 일컫는 '목표'이다. 우리는 어떨 때 움직일까? 쉽게 생각해 보자. 이 책을 왜 읽고 있을까? 심심해서? 그렇다면 심심함을 없애기 위한 목표로 책을 읽은 것이다. 또는 말을 잘하고 싶어서, 당당해지고 싶어서, 자존감을 찾고 싶어서, 스피치 기법을 알고 싶어서 등의 목표가 있다. 우리 삶을 단위와 기간으로 나누어 보면 삶의 목표라는 거창한 꿈이 아니더라도 일상에서 다양한 목표를 가지고 움직인다. 아니, 움직이게 된다.

흥미로운 스피치 스토리텔링의 핵심 요소이자 모든 이야기의 중추 같은 역할을 하는 것이 그러한 인물(캐릭터)의 '목표'이다. 자신이 무엇을 하고 싶고 무엇을 이루고 싶은지, 얼마나 강렬하게 그것을 원하는지에 따라 이야기의 흐름과 재미는 달라질 수 있다.

앞서 언급한 것처럼 이 책을 심심해서 읽는 사람은 일주일 후 회사에서의 중요한 발표를 앞두고 읽는 사람과는 다를 것이다. 산에 오르더라도 조용히 산책하는 것과 사람과 잃어버린 건강을 되찾기 위한 것은 다르다.

인물이 무엇을 원하며 그래서 어떤 행동을 했는지, 그것을 얼마나 강렬히 원했는지를 이해하는 것은 힘 있는 스피치의 핵심 근간이 되는 것이다. '나'라는 인물로서 삶을 살아가며 원했던 것은 무엇이었는지, 지금은 무엇을 원하는지 돌아보는 것은 당신만의 스토리텔링 스피치에 추진력을 실어 줄 것이다.

### • 응축 凝縮, Condensation

다음으로 소개하는 것은 '응축'이라는 마음의 밀도다. 쉽게 말해, 무엇을 얼마나 오랫동안 얼마만큼 원했는지에 따라 마음의 밀도는 달라질 수 있다. 드라마에서는 이것을 '극적 밀도'라 부른다.

예를 들어 '눈앞에 물컵이 있다'는 단순한 상황이 인물의 응축된 마음 밀도에 따라 전혀 다른 상황이 될 수도 있다. 식당에서의 물 한 잔과 일주일간 물 한 방울도 마시지 못한 사막에서 마주한 물 한 잔은 다르다. 더욱 극적이며 감동적일 것이다.

좋은 가정환경과 단란한 집안에서 자란 사람에게 칭찬과 위로란 감사하지만 평범한 일일 수 있고, 엄한 부모나 억압된 환경에서 자란 사람에게 칭찬과 위로란 어색함이자 큰 감사함, 큰 감동일 수 있다. 반대로 늘 들어왔던 위로와 칭찬을 오랫동안 받지 못한 마음, 오랫동안 누렸던 것을 잃어버렸을 때의 박탈감과 충격 역시 극적 밀도를 만들어 낼 수 있다.

스피치 스토리텔링도 마찬가지다. 자신의 삶에 오랫동안 응축되어 있는 목마름, 억울함, 서운함 또는 소망과 바람에서 나만의 드라마가 시작된다. 스피치보다 중요하고 소중한 것은 우리의 마음이기에 따뜻한 분위기에서, 마음이 허용하는 범위 안에서 차근차근 응축된 이야기들을 풀어 보자.

● **장애와 사건 障礙, Obstacle & 事件, Incident**

드라마 스토리텔링에 있어 가장 핵심적 부분이라 해도 과언이 아닐 만큼 중요한 부분이다. 인물, 목표, 응축이 있는 가운데 인물은 어떤 행동, 도전, 시도를 한다. 그러다 나타나는 것이 바로, 장애라는 방해 요소나 문제 상황이다. 하지만 이는 더욱 드라마틱하고 훌륭한 인물의 배경이 되기도 한다.

사랑 이야기만 하더라도 남녀가 만나 서로 사랑하고 결혼해서 아이를 낳고 행복하게 살았다는 드라마가 없다. 그런 삶도 나쁘지 않지만 뻔한 전개일 뿐이다. 매우 흔한 장애 요소지만 남녀가 만나 사랑을 하는데 집안의 수준이 다르다는 이유로 남자 집안에서 결혼을 반대하거나 여자가 갑자기 불치병에 걸리거나 새로운 이성의 유혹에 마음이 흔들리는 이른바 사랑의 장애와 방해가 생긴다.

바로 드라마의 시작이다. 인물들 간의 복잡 미묘하고 조마조마하며 화나고 괘씸한 부분들이 생기는 것이다. 여기에 관객과 청중은 집중하고 재미를 느낀다. 별일 없이 무난하게 사는 것이 좋고 아무 사건도 생기지 않기를 바라지만, 살다 보면 소소하지만 이루 말할 수 없는 어려움과 힘듦이 있을 것이다. 그것으로 인한 사건은 어마어마했을지 모른다.

조심스레 말하지만, 삶의 공연과 경이가 아직 끝나지 않은 이

> 상 그것은 아직 전반전에 불과하며 우리는 그것을 극복해 왔고 극복할 수 있다. 또한 그것은 나만의 드라마 스피치를 위한 굉장한 소재가 될 수 있는 것이다.

### • 해소와 교훈 解消, Settlement & 敎訓, Message

막바지에 이르러 어떤 장애와 사건이 있었다면 그 일이 어떻게 해결되고 해소되는지가 드라마의 종지부가 된다. 물론 인물과 흐름에 따라 해결되지 못한 채로 머물러 있거나 '열린 결말'이란 이유로 마무리 없이 끝나는 경우도 있다.

하지만 스피치 스토리텔링에 있어서는 해결이 안 되고 마무리가 되지 않은 일조차도 마무리해야 한다. 어떤 일(계기)로 어떻게 해결되었는지가 청중, 관객들에게는 정리되는 느낌을 주며 안정감을 준다. 이야기의 흐름에 있어서 체계적 인상을 주기도 한다. 그것은 감흥의 결정적 요소이다.

예를 들어 '늘 엄하고 무서웠던 아버지를 원망하고 아직 아물지 않은 마음이 있지만, 돌아가시기 전 남겨 놓은 아버지의 편지를 읽으며 이젠 아버지를 향해 미소를 보내드리기로 했어요.' 라든지 '힘들게 시작한 서울 생활이었고 상처 많았던 자취 생활이었지만…'처럼 어떤 계기와 해소로 마무리를 지어 보는 것이다.

그 속에 담긴 나만의 결론 한 문장을 정리해 본다. '미움이 오히려 더 큰 사랑이 될 수 있습니다', '결국 삶의 중요한 열쇠는 그 누구도 아닌 제 자신이 갖고 있었습니다' 등의 최종 메시지가 될 수 있다. 다만 말과 문장 만들기에만 연연하는 것이 아닌 이야기의 진심과 진정성을 잊지 말아야 한다.

# 다양한 감정 표현과
# 틀 깨기

　스피치 수업을 하면서 사람들에게 꼭 소개하는 것이 있다. 앞에서도 잠시 다뤘던 내용인데, 바로 감정 표현이다. 감정이란 상황과 현상에 따라 느껴지는 마음의 상태 또는 변화로, 감정 표현은 그러한 감정을 언어나 신체로 나타내고 알리는 것을 말한다. 감정이 굳어 있거나 어색해지면 우리는 자유로운 말하기와 자기 표현이 어려워진다.

　감정 표현의 대표 기관인 얼굴 표정이 굳어 있거나 목소리가 주눅 들어 있는 사람, 무대에서 자신의 이야기를 자유롭게 표현하는 것이 어렵고 자기만의 틀 안에 갇혀서 답답함을 느끼는 사람이라면 감정 표현 연습 후 변화된 모습을 볼 수 있다.

사실 일차적으로는 재미있고 입체적인 말하기를 위해 다양한 표정과 표현법을 배우는 것이 도움이 된다. 같은 말을 하더라도 표현력이 좋으면 그때그때의 에피소드와 상황을 보다 흥미롭고 구체적으로 살릴 수 있기 때문이다.

좀 더 궁극적으로 '감정 표현의 스트레칭'이란 개념으로 이해하면 좋겠다. 무용수가 굳어 있는 몸의 이곳저곳을 스트레칭하는 이유는 큰 동작이나 과격한 동작을 하기 위함이 아닌, 작은 동작을 하나 하더라도 자유롭고 섬세하게, 장면과 상황에 맞춰 유연하게 표현할 준비를 하는 것이다. 감정 표현은 흥미롭고 유연한 말하기를 위한 스트레칭이자 나아가 뻔뻔함 훈련이기도 하다.

다음은 단계별로 진행되는 감정 표현 연습이다. 흐름에 따라 차근차근 해 보자.

### Step 1  다양한 감정의 종류와 표현하기

- **감정의 종류**

> 기쁨, 고마움, 행복, 환희, 사랑, 자신감, 뿌듯함, 설렘, 그리움, 호기심, 의심, 화남, 질투, 짜증, 미안함, 분노, 연민, 억울함, 답답함, 불안, 초조, 당황, 황당, 두려움, 희열, 기대, 놀람, 충격

> ❶ 감정의 종류를 편하게 하나씩 읽어 본다.
> ❷ 다시 읽을 때는 감정이 가진 특성에 맞게 가볍게 표현하며 감정의 종류를 읽어 본다.
> ❸ 감정을 읽는 순간 그 감정을 경험한 상황이나 사건을 떠올리고 말없이 느껴 본다.

감정의 종류들을 하나하나 천천히 편안하게 읽어 보자. 그런 다음 감정의 종류를 하나씩 표정으로 표현해 보자. 그리고 그 감정을 느꼈을 때가 언제인지 생각하고 떠올려 보자. 일부러 표정을 지어 보는 것은 얼굴 근육의 이완을 위한 것이지만, 얼굴 근육이 잘 풀렸다면 상황에 집중하기만 해도 자연스러운 표정과 느낌이 나올 것이다.

어떤 사람은 밝은 표현이 잘 되고 화내거나 부정적인 감정 표현에 어려움을 느낀다. 반대로 어둡고 부정적인 표현은 잘 되지만, 밝고 긍정적인 표현이 어려울 수도 있다.

여기서 중요한 것이 있다. 감정 표현이 어려운 이유는 어렸을 때 감정 표현이 억압된 상황에 주로 놓였거나 상처가 있을 수 있다. 학창시절 밝고 활기찬 성격이었지만 친구와의 경쟁으로 왕따가 되어 소심하고 조용한 성격으로 살기도 한다. 또 누군가는 엄한 부모님의 영향을 받기도 한다. 중요한 건, 자신의 감정 표현의 특징을 알고 과거를 돌아보며 과감히 자신이 어려워하거나 어색해하는 감정들에 대한 표현을 해 볼 필요가 있다는 것이다.

### Step 2  다양한 표현 트레이닝 대사

다음은 같은 말이라도 괄호 안의 상황에 따라 다양하게 표현해 보는 연습이다. 이 역시 비교적 잘 표현되는 감정이 있을 것이고, 어려운 표현이 있을 것이다. 그저 느껴지는 대로 해 보자. 대사(말)는 상황에서 나오고 상황은 감정을 자연스럽게 만들기에 그 감정이 느껴질 만한 상황을 떠올리며 표현하면 좋다.

- 안녕하세요, 반갑습니다.
  (반갑게 / 아주 반갑게 / 반갑지 않은 듯)
- 어서 오세요~ 몇 분이세요? 안쪽으로 모시겠습니다.
  (가장 친절하게 / 무미건조하게 / 가장 불친절하게)
- 네, 정말이에요? 감사합니다. 정말 감사합니다.
  (기쁘게 / 매우 기쁘게 / 좋은 척 하면서)
- 야, 너는 친구한테 말을 그렇게 하나?
  (무겁게 또는 화가 나서 / 가볍게 / 당황스러워서)

> ▸ 무슨 말인지 알겠어? 내가 시킨 대로만 해, 알았지?
>
>   (여유 있게 / 급박하게 / 답답한 듯이)
>
> ▸ 네, 말씀하신 뜻 잘 알겠습니다.
>
>   (가장 교양 있게 / 가장 격 떨어지게 / 울분에 차서)

감정 표현의 스트레칭이 어느 정도 되고 있는가? 쉽지 않다고? 좋다. 쉬울 리가 없다. 잘 안 되더라도 시도해 보고 놀아 보고 표현하고자 하는 것이 중요하다. 어색함에 시도하는 것도 우리에겐 감정 표현 스트레칭의 과정일 테니 어렵고 마음대로 잘 안 되더라도 시도해 보자.

### Step 3  다양하고 짧은 감정 독백(Monologue)

이젠 대사가 좀 더 많아졌다. 혼자 하는 연기인 독백이라는 것인데, 다양한 감정에 따른 짧은 독백 대사들이다. 연습 흐름은 비슷하다. 먼저 읽어 보고 내용을 파악하고, 느껴지는 대로 다시 감정을 넣어서 표현해 보자.

가능하다면 내가 누구인지, 상대는 누구인지, 왜 말하는지를 생각해 보고 대사를 표현해 보자. 내가 왜, 얼마나 강한 목적을 가지느냐에 따라 그 감정의 농도가 달라질 수 있다. 다시 한번 즐거 보자. 소리치고 싶으면 소리치고 격하게 시도해도 좋다.

❶ (내 꿈을 늘 무시하고 비아냥거리던 친구가 본인은 배우의 꿈을 꾸게 되었다고 나에게 말하는 것을 듣고)

참나, 네가 배우가 되겠다고? 너는 뭐가 다른 줄 아나 봐? 웃기지 마… 배우는 아무나 되는 줄 아니? 나도 젊었을 때는 꿈이란 꿈을 다 꿔봤어~ 너도 알잖아. 네가 늘 무시했으니까! 현실을 직시해야 되는 거야! 네가 꿈을 꾸면서 피해를 볼 많은 사람들을 생각이나 해 봤어? 꿈 깨! 정신 차리라고!

❷ (나를 오랫동안 구속하고 쩔쩔매게 했던 상대에게)

더 이상 함부로 말하지 말아요. 난 지금까지 단 한 번도 나답게 살아본 적 없으니까요. 오로지 당신과 당신이 만들어 놓은 새장 속에서 갇혀 살았죠. 진짜 내 감정은 말하지 못한 채, 아니 내가 누군지도 모른 채 그렇게 살았어요. 근데 뭐라구요? 앞으로도 또 그렇게 살라구요? 그럼 난 차라리 다시 태어나겠어요!

❸ (시장 장터에서 즐겁고 활기차게 손님들의 이목을 끌기 위해)

자자, 날이면 날마다 오는 물건이 아닙니다. 동해로 번쩍, 서해로 번쩍 여기 저기 거기 전국 방방곡곡 돌아다니다 보면 언제 다시 여기로 올지 몰라. 나도 나를 몰라. 그러니까 후회 말고 집어 집어.

당장 집어. 아줌마, 아저씨, 형님, 누나, 동생, 고모, 이모, 할 거 없이 골라 봐~ 아싸라비야 쿵짝!

❹ (늦은 밤, 자리를 뜨려는 이성을 유혹하며)

아니아니… 그렇게 빙빙 돌리지 말아요. 그 눈빛이 이미 나에게 다 얘기하고 있으니까. 솔직히 나랑 같이 있고 싶죠? 거짓말… 벌써 당신 마음은 여기가 아닌 다른 곳에 있는 거 같아 보이는데? 좀 더 솔직하게 말해 봐요.

❺ (내 삶과 마음을 나누고 살았지만, 매번 거짓말하고 배신하고 뻔뻔한 이성에게)

야, 이 새끼야! 네가 인간이야? 너 어제는 누구랑 있었어? 주댕이는 끝까지 살아가지고 할 말은 또 있나 보네? 휴대폰 줘 봐! 못 주겠지? 평생 그렇게 살아라. 이 쓰레기 같은 새끼. 거울 좀 보면서 살아. 이 새끼야.

❻ ( 힘들었던 과거를 돌아보며 홀가분한 마음으로)

행복이란 이런 거구나 싶어요… 남 눈치 안 보고… 정말 내가 생각하는 대로 한 번 해 보는 거… 전 너무 오랫동안 갇혀 살았어요. 그렇다고 오해하지는 마세요. 완전히 불행했던 건 아니었으니까요. 다만 이제 진짜 행복이 뭔지 조금씩 알게 된 거죠. 당신도 그랬으면 좋겠어요.

### Step 4 ) 마음의 이야기를 담은 긴 독백

● **안톤 체호프의 희곡 <갈매기> 中**

그때 난 무대도 연기도 점점 멀리하고 싶었어요. 열정도 흐려지고, 현실적인 고민들이 가슴을 채웠죠. 자꾸 보잘것 없는 사람이 되는 것 같고, 무대 위에서 손을 어떻게 해야 할지 또 어떻게 서 있어야 할지도 몰랐고, 목소리조차 제 목소리로 낼 수 없었죠. 자기 자신의 연기가 엉망이라는 걸 알고도 무대에 올라야 하는 그 처절함을 아시나요?

하지만 지금은 달라요. 전 이제 진짜 감정을 가지고 제 목소리로 연기하는 배우가 되었어요. 제가 여기 온 이후 저도 모르게 한 걸음씩 나아가고 있는 나를 발견했죠. 그리고 매일 같이 나도 모르게 강해지고 있다는 걸 느낄 수 있었어요. 이젠 이해할 수 있어요. 무대에 선다는 건 명성이나 관객의 갈채에만 연연해서는 안 된다는 것을… 중요한 건 인내하고 자신의 신념을 가지고 견뎌 나가야 한다는 것이었죠. 그리고 묵묵히 저만의 십자가를 지고, 길을 걸어 나가는 것이죠. 전 이제 두렵지 않아요.

● **오창균 님의 창작 대사 中**

(차분하게) 네? 전 사실… 보기와는 다르게 차분하고 조용한 사람

이에요. 평상시에 저를 보면서 어떻게 생각하셨는지 또 어떤 선입견을 가지고 계셨는지… 대충은 저도 알고 있어요. 하지만 얘기한 것처럼 전 사람들과도 제 자신과도 조용히… 마치 잔잔한 강가처럼 그렇게 지내고 싶은 사람이죠….

(생각에 잠기며) 그런데… 삶이… 제 삶의 이야기들이 제가 아닌 저로 저를 만들어 버렸죠. 약하고 착하면 내가 손해 보니까…. 참아 주고 넘어가면 나만 억울해지니까…. 그렇지 않으면 이 전쟁터 같은 세상에서, 격투기의 링 위에 오른 것 같은 치열한 세상에서 살아남을 수 없으니까…. 달리기 경주 같은 삶에서 뒤처질 것 같으니까….

(침묵) 하지만 삶이 흐르고 사람들을 만나며 때론 아픔을 만나며… 이젠 조금씩 깨달아요…. 그럼에도 불구하고 좀 더 뒤로 물러나 줘야 한다는 것을… 그럼에도 불구하고… 때론 눈 감아 주고…. 내가 미안하다고 해야 한다는 것을… 그럼에도 불구하고… 쉽지 않지만… 내가 먼저 웃어 줘야 한다는 것을 말이죠…. 내 강한 자존심의 열매가 떨어져야 그토록 지키고 싶었던 그 자존심을 내려 놔야… 인격이라는 열매가 맺힌다는 것을… 이제 조금씩 알게 된 거죠…. 그렇게 우리는 조금씩 어른이 되어 가는 것이겠죠….

> (상대를 보고) 근데 제 얘기 듣고 있어요?
>
> (졸고 있는 상대방을 보고 올라오는 화를 누르며) 휴… 참자….
>
> 참아야 한다…. (하며 억지로 웃는다)

단어로 된 감정 표현에서, 다양한 감정 표현의 짧은 독백 대사와 긴 독백 대사까지 해 봤다.

누군가는 별 문제 없이 재미를 느끼며 했을 수 있고 또 누군가는 어렵고 힘들었을 지도 모른다. 중요한 것은 감정의 스트레칭이다. 이렇게 표현하고 그 표현에 대해 고민해 본 자체가 그간 잘 사용하지 않았던 표정과 감정의 지점에 자극을 줄 수 있을 것이다. 말을 하고 표현을 하는 스피치에 있어서도, 일상을 살아가는 삶의 무대에 있어서도 차근차근 굳어 있는 지점들을 유연하고 부드럽게 풀어 보자.

 **Summary**

오랫동안 사용하지 않았던 감정을 표현하며 굳어 있는 지점들을 조금씩 유연하게 만드는 것이 스피치에 있어서 중요하다. 그러다 보면 표정은 물론 전반적인 표현력의 폭이 넓어지고 때론 가슴이 뚫리는 듯한 시원함도 느껴질 것이다. 잘하려 하지 말고 즐기고 시도하려는 마음으로 다시 한 번 대사와 표현들을 해 보자. 어느새 유연한 당신을 만날 수 있을 것이다.

# 무대에서
# 가장 먼저 들어야 할 말

    몇 해 전 미국에 있는 한 대학 연극영화과에 입학한 지인과의 대화에서 인상적인 얘기를 들었다. 사실 커리큘럼이나 교육 방식이 궁금해서 한 학기를 마치고 온 그와 함께한 자리였다. 자리를 하자마자 대뜸 물었다.

"형, 어때? 학교 좋아?"

"정말 좋았어. 생각보다 더."

그렇게 시작된 그의 이야기는 이랬다.

"개강하고 연극 실습이 있던 첫 날이었는데, 스무 명 정도 되는 우리 기수는 대부분 서양 학생들이었어. 아시아의 여러 나라와 일본에서 온 학생들도 몇 명 있었어. 나를 포함한 한국 학생도 두 명이나 있었고. 수업은 극장 무대에서 진행되었는데, 우리는 미리 도착해서 반갑기도 하고 약간은 어색하기도 한 분위기에서 교수님을 기다리고 있었거든. 수업 시간이 임박하고 교수님이 도착하셨는데 여자 분이셨어.

영화에서 본 듯한 그런 느낌? 뿔테 안경에 깔끔하게 올린 머리, 정확하고 깐깐해 보이는 첫 인상이었어. 간단히 본인 소개를 하시고 수업 소개 후 우리에게도 자기소개를 하라고 하시더라고. '한 사람씩 무대 위로 올라가서 나에 대한 얘기를 좀 해 볼까요? 이름, 사는 곳, 이렇게 입학해서 연기 수업을 받게 된 이유와 여기까지 온 이유도 좋아요. 자신만의 꿈이나 다양한 이야기, 뭐든 좋아요. 누구부터 할까요?' 라고 말이지."

개인당 2~3분 정도의 시간이 주어지고 한 사람씩 무대 위로 올라가 자신만의 이야기를 시작했다고 한다. 순서는 따로 정하지 않았고 먼저 하고 싶은 사람이 우선권을 가졌다. 교수님은 미소를 짓고 편안히 앉아 있었고, 오래지 않아 자연스레 한 학생이 올라가고 이어서 또 다음 사람이 자연스럽게 올라갔다.

상황과 사람에 따라 다를 수 있지만 인상적이었다. 그리고 한 사람씩 올라가 자기 이야기를 하고 내려올 때마다 교수님은 발표를 마친 학생에게 '원더풀', '뷰티풀' 이라고 외치며 미소와 박수를 보냈다고 한다. 그렇게 각자의 자기소개를 포함한 첫 수업이 마무리되었고, 그는 교수님을 찾아갔다.

"교수님 반갑습니다. 그리고 첫 수업 감사합니다. 그런데 드리고 싶은 얘기가 있습니다. 저는 이곳 뉴욕과 열 네 시간 정도 떨어진 한국이란 곳에서 왔습니다. 가족과 친구들을 떠나서 말이죠. 그런데 교수님께서는 일관되게 '뷰티풀', '원더풀' 이라고만 하시니 솔직히 앞으로 조금 걱정됩니다. 구체적이고 전문적인 피드백을 듣고 싶습니다."

교수님은 미소를 지으며 이렇게 말했다고 한다.

"그래, 충분히 그렇게 질문할 수 있지. 배우고 싶어서 왔을 거고 자신을 더 발전시키고 싶을 테니까. 그런데 정말 특이한 것은 매년 아시아, 특히 한국에서 온 학생들은 지금과 유사한 질문을 한다는 거야. 처음부터 자신이 한 것에 대한 평가를 바라고 공부하려 들지. 걱정하지 않아도 돼. 앞으로 실습과 코칭이 충분히 기다리고 있으니까.

그런데 난 조금 다른 접근을 소개해 주고 싶어. 특히 오늘 같은 첫 시간엔 더더욱 말이야. 평가와 성과 이전에 이미 지금의 자신을 인정하고 존중해 줬으면 한다는 거야. 학생 말대로 고향도 가족도 친구도 떠나 멀리까지 큰돈을 들여 독한 마음으로 이곳까지 왔고, 첫 시간의 부담에도 불구하고 사람들 앞에 서서 스스로를 알리고 표현했지. 아무리 연기 전공자들이라도 일정 부분 긴장되고 부담이 있었을 텐데 말이야. 그 사실 자체만으로도 이미 너무 훌륭하고 아름다운 것이 아닐까? 너무 '나이스'한 일이지. 오늘 수업 시간의 학생도, 지금 질문하는 학생도 내가 볼 땐 참 대단하고 멋져 보여."

그 이야기를 들으면서 형은 가슴 한 편이 찡하게 울렸다고 한다.

'그래, 난 잘하기 위한 방법, 인정받기 위한 방법만을 찾고 헤매었구나. 있는 그대로의, 이미 수고하고 잘하고 있는 나에게는 너무 인색했구나.'

최근 다시 찾은 그의 연극 무대는 눈에 띄게 편안하고 자연스러웠다. 물론 다양한 트레이닝과 노력이 있었겠지만, 확실한 것은 표정도 목소리도 전에 비해 편안하고 명확해 보였다. 물론 일상에서도 말이다. 그리고 본인 역시 그때의 첫 수업이 자신에게 큰 영향을 끼쳤다 말한다.

어쩌면 첫 수업 시간에서 교수님이 학생들에게 보낸 '원더풀'과 '뷰티풀'은 평가와 성과만을 위해 지금을 살아가는 우리에게 진정 필요한 것이 아닐까?

물론 어떤 분야든 정신이나 심리뿐만 아니라 기술과 기능의 영역을 동시에 훈련하고 학습해야 한다. 그 부분을 간과하겠다는 것은 아니지만 항상 잘하려고만 하고, 인정받고, 평가 받는 것에만 익숙해진 사람들은 무대와 일상에서의 말과 표현이 자연스럽지 못하며, 나답지 못하고, 자유롭지 않다.

누군가 나에게 말해 주길 기다리자. 그리고 이미 잘하고 있고 수고하고 있는 나에게 가끔 조용히 말해 주자. '원더풀', '뷰티풀' 이라고. 그것은 우리가 원하는 무대와 삶의 멋진 연기를 위한 중요한 시작점이 될 것이다.

 **Summary**

우리는 성과와 발전을 위해 시간과 정신, 물질을 투자한다. 목표를 달성하고 인정받으며 성장하거나 성공하고 싶은 마음 때문이다. 그러나 무엇보다 이미 수고하고 있는 나에게 잘하고 있다고, 격려하고 위로해 주는 것이 필요하지 않을까? '돌아보면 내 마음대로, 기대대로 모두 그렇게 된 것은 아니지만, 지금 이 순간도 넌 이미 잘 하고 있어. 이 순간 살아있음에 정말 고마워.'

"
## 재미있게 말하는 법이 궁금해요

"같은 말을 해도 재미있게 하는 사람이 있잖아요? 어떤 사람들은 별것 아닌 이야기도 재미있고 의미 있게 만드는 기술이 있는 것 같아요. 저는 재미있게 말하는 게 참 어려워요. 그 부분만 되면 경쟁력을 갖출 수 있을 것 같은데 말이죠."

강사로 활동을 시작한지 5년 정도 된 30대 후반의 그는, 사내 강사로 서비스 교육은 물론 회사에 필요한 다양한 교육 콘텐츠를 강의하는 사람이었다. 강의 콘텐츠와 내용에 대해서는 어느 정도 자신이 있었지만, 이야기를 전할 때 좀 더 흥미롭고 재미있게 말하는 법을 알고 싶어 했다.

사실 이 부분은 스피치 불안증과 함께 많은 사람들이 궁금해하는 대표적인 고민 중 하나다. 내용을 준비하고 정리하는 것뿐만 아니라 핵심 내용을 사람들에게 흥미롭고 재미있게 전달한다면, 앞으로 상당한 경쟁력이 될 수 있기 때문이다.

그는 프레젠테이션 자료와 프린트 자료를 포함해 정성 들여 준비한 강의 시연을 했다. 무난하고 담백하게 시작된 강의 스피치는 사실 그렇게 나쁘지 않았다. 그러나 중반부로 갈수록 본인의 우려가 현실로 나타났다. 점점 지루하고 집중력이 떨어졌다.

스탠다드하고 깔끔한 진행은 기본적으로 좋았지만 그 스탠다드가 장시간 이어지니 지루해졌다. 다양한 곳에서 의미 있고 좋은 내용을 모아서 나열만 하다 보니 강의 자체가 뻔해지고 전형적인 교육을 받고 있다는 느낌이 들었다.

'재미'라는 말의 뜻부터 이해할 필요가 있다. 재미는 본래 맛이 불어난다는 뜻의 '자미(滋味)'에서 비롯되었다. 무언가에서 맛을 느끼고 그것이 이어질 때 사람들은 계속 관심을 가진다. 그것을 '집중'이라고 한다. 재미라는 것은 단순히 '웃기다', '흥미롭다'를 넘어 무언가에 집중력이 지속될 때 느껴지는 것이다.

비슷하게, 강의 스피치를 한다는 것은 일종의 팽이 돌리기와 같다. 처음 돌리기 시작한 팽이가 죽지 않고 계속 돌 수 있도록 '집중'이라는 팽이채로 계속 팽이를 쳐서 돌려야 한다.

그럼 팽이채는 무엇일까? 청중은 관심 있는 것, 필요한 것, 새로운 것을 들을 때 집중하며, 득이 된다고 생각될 때 집중한다. 따라서 청중들이 목말라하고 원하는 내용이 무엇인지 고민해 봐야 한다. 누군가에게 선물을 할 때도 내가 주고 싶은 선물보다 상대방이 받고 싶은 선물을 줄 때 고마움과 즐거움이 배가되는 것이다.

그는 이 이야기를 듣고 사원들에게 5년 만에 처음으로 설문지를 나눠줬다고 한다. 사내 강의 시간에 다뤘으면 하는 내용이나 듣고 싶은 분야와 장르에 대해서, 그리고 사원들의 연령과 성별, 관심사를 파악하면서 듣는 사람들을 먼저 생각하게 되었다. 결과는 상당히 만족스러웠다.

여기서 중요한 것은 스스로도 즐거웠다는 것이다. 스스로가 재미있고 흥미로워야 말과 목소리, 눈빛에 재미와 흥미가 묻어나기 때문이다.

그러고 나서 구성의 재미를 생각한다. 스피치는 마블링과 같다. 공부도 되고 의미와 깊이 있는 내용도 다루어야 한다. 어떤 사람들은 엄선된 핵심 내용만 다루는 것이 좋다고 할 수도 있다. 하지만 팍팍한 살코기만 있는 고기를 계속 먹다 보면 목이 막히듯 스피치도 마찬가지다. 살코기 사이의 적당한 지방질이 고기 맛을 더하듯 이야기 사이에 짤막한 유머나 애드리브, 적절한 에피소드를 함께 다룬다면 내용 전달력과 청중의 집중력을 올릴 수 있다.

예를 들어 '소통'을 주제로 강의를 하면서, 소통이 잘 되지 않았던 에피소드나 삶에서 겪었던 일상의 소소한 이야기들을 곁들인다면 효과적으로 주제를 전달할 수 있다.

그는 소통이 어려웠던 대상은 누구인지, 사회생활, 직장생활, 일상생활에서 말이 통하지 않거나 다툼이 있었던 때는 언제였는지, 부모님과의 관계, 친구들과의 관계, 나중에는 자신과의 관계에 대해 조심스레 이야기를 시작했다.

"저는 강의를 위한 재미에만 집착했던 것 같아요. 재미 자체도 머리로만 공부하고 연습했던 것 같아요. 또 제 스스로가 재미있고 즐거워하는 지점을 찾아야 하는데 그러질 못했던 것 같고요. 앞으로는 강의를 위해 사람들의 관심사에 더 깊게 관심을 가지고 들여다보는 노력을 해야겠어요."

스스로의 문제를 인지하면서 그는 수많은 사람들의 스피치를 들었다. 그들의 공통점은 일상의 인상적이었던 이야기들을 하면서 상황과 감정에 집중하며 자연스럽고 다양하게 표현하는 것, 자신만의 재미를 가지고 자신만의 매력을 만나는 것이었다.

친분이 있거나 마음이 통하는 사람과 속 얘기를 나누며 수다를 떨 때는 대부분의 사람들은 이야기꾼이 된다. 스피치 자리에서도 '공식 수다', 즉 많은 사람들 앞에서 하는 수다를 체험할 때 상황에 맞는 호흡의 길이 보일 것이다.

무엇보다 스피치의 재미를 추구하기 전에 삶을 재미있게 살자.

앞에서 이야기한 재미의 뜻을 생각하며 자기가 하는 일, 주어진 삶, 자신의 시간들을 맛있게 살아가자. 결국 그 재미가 나의 무대와 일상에서 드러나는 것이다.

최근 나에게 가장 인상 깊었던 일은 무언인가? 내 삶의 변화가 있었던 때는 언제이며, 어떤 변화를 겪었는가?

재미는 이미 당신 안에서 나오길 기다리고 있을지도 모른다.

스피치에 있어서 재미는 원색적 웃음이나 퍼포먼스가 아닌 사람(청중)에 대한 진심 어린 관심에서 출발한다. 이러한 관심은 집중할 만한 좋은 내용의 토대가 되는 것이다. 또한 주제와 관련된 에피소드를 소개할 때 기분이나 느낌을 구체적으로 이야기하는 표현력을 더한다면, 그 사람만의 매력 있고 재미있는 이야기가 시작되는 것이다.

# "
# 무대가 두렵다면
# 꼭 돌아봐야 할 것들

　무대가 두려운 적이 있었다. 연극배우 시절에도 그랬고, 강사로 활동하기 시작한 초반에도 그랬다. 타고나길 활동적이고 말하는 것도 좋아하는 성향이라 걱정하지 않았는데, 막상 멍석이 깔리면 며칠 전부터 초조하고 불안해지는 것이었다.

　연극배우였고 강사이기에 누구에게 쉽사리 얘기도 못했다. 그뿐만 아니라 크고 작은 모임에서 간단한 자기소개나 질문을 주고받는 시간이 되면 괜히 떨리고 긴장이 되었다. 연극배우가 무대에 서기 전 초조하고 긴장된다면 당연히 매력적인 연기와 공연을 하기 어려울 것이다.

　강의 전에 강사가 긴장하고 떨린다면 누구보다 스트레스가 가장 심할 것이다. 나중에는 이 일이 내 일이 아닌가 하는 의문과 자괴감까지 가져온다.

대학로 첫 연극을 할 때였다. 공연 준비를 하고 드디어 첫 공연에 오르기 며칠 전부터 심장이 쿵쾅쿵쾅 뛰었다. 무대 공포증을 경험해 본 사람은 알겠지만 그냥 이유 없이 막 심장이 뛴다. 첫 공연이 올랐고, 결과는 만족스럽지 못했다. 60명 정도가 들어올 수 있는 작은 소극장에서의 공연이었는데, 너무 긴장한 나머지 표정은 굳어 있고 대사에는 자연스런 호흡이 실리지 못했다.

이유를 생각해 보면 몇 가지가 있었는데, 우선 완벽한 대사 숙지가 이뤄지지 못했다. 대사를 장악하지 못했던 것이다. 게으른 성향 탓에 잘하고 싶은 기대에 비해 작품에 대한 철저한 연습과 준비를 하지 못했다. 평소 농담이나 즉흥적인 애드리브가 뛰어난 편이라 스스로를 인정하며 '이 정도면 됐지'라는 습관이 나와 버린 것이다. 어떤 때보다 성실하고 철저히 대사와 무대에서의 움직임까지 숙지해야 했다. 잠을 자다가도 대사가 나올 정도로 연습하고 또 연습을 해야 했다.

50회 이상의 공연이 거듭되며 대사와 동선이 무의식적으로 움직여질 만큼 편안해져야 비로소 긴장도 부담도 사라졌다. 물론 경험과 반복도 중요하지만 스스로 만족할 만큼의 최선과 성실로 공연을 준비하는 습관과 태도가 우선되어야 하는 것이다.

강의도 처음엔 뭔가 막연하고 불확실하다 보니 초조해졌다. 공연을 처음 할 때와 마찬가지로, 강의의 목적과 대상의 특징을 이해하고 빈틈없이 내용을 준비하고 연습해야 한다. 즉 '강의 리허설'을 통해 자신이 해야 하는 다양한 스피치에 맞는 자신만의 리허설을 해야 한다. 머리로만 생각하고 자리에 앉아서 입으로 몇 번 중얼거리며 어설프게 연습하면 절대 안 된다. 실전처럼 철저히 연습해야 한다.

먼저 스피치의 목적을 정리한다. 목표를 처음부터 너무 과하게 설정하지 말자. 목적에 집중하자. 목표 설정은 자칫 무대 불안을 느끼는 사람에게 더 큰 부담을 준다.

예를 들어 취업준비생이라면 면접장 안에 들어가서 왜 자기소개를 하는지, 무엇을 전달하고 싶은지를 생각해야 한다. 막연히 '합격하려고', '합격하면 좋으니까'가 아니라 '나라는 사람의 장점과 그런 내가 이 회사에 왜 필요한지에 대해 전하는 것'이 중요하다.

강사라면 성공적이고 재미만 있는 강의가 아닌 '스피치가 우리 삶에 미치는 긍정적이고 좋은 영향을 알려 주는 것', '자신의 삶을 돌아보고 더 나은 말하기로 인간관계의 소통을 안내하는 것'에 집중하는 것이다. 내가 무엇을 왜 전달하고 싶은지에 대한 근본적인 목적을 세워야 한다.

그런 다음 목적에 맞는 강의안을 작성한다. 배우의 공연이라면 대본을 작성하는 것이고, 가수라면 악보를 그리고 가사를 쓰는 것이다. 스피치하는 사람은 자신이 무대의 극작가이자 작사가이자 작곡가가 되는 것이다.

물론 필요한 부분에 있어서는 코치나 주변의 유경험자로부터 코칭을 받을 수 있다. 다만 말하는 스스로가 무대에 서는 주체라는 것을 잊지 말자. 주체적인 자세를 가져야 힘 있는 스피치를 할 수 있다. 그렇게 자신의 목적과 주어진 시간에 맞게 자신만의 스피치 대본을 만들어야 한다. 말 하나하나를 다 써야 할지 대략적인 흐름 구성만을 만들지가 고민이라면 다음을 참고하자.

● **말하기 대본**

첫 인사부터 모든 멘트를 하나하나 다 적어서 말하기 대본을 만드는 것이다. 이런 대본의 장점은 할 말을 눈에 보이게 문서로 다 적어 놓기 때문에 할 말이 머릿속에 그대로 보인다는 것이다.

단점은 모든 것을 적어 놓은 만큼 다 외우지 못하면 오히려 더 불안하고 틀릴까봐 초조해진다는 것이다.

● **구성 대본**

구성 스피치 대본은 모든 멘트를 다 작성하지는 않더라도 전체 흐름의 큰 단락들을 정리해 놓고 스피치 연습이나 실전에서 그

> 내용에 맞게 스피치를 해 나가는 것이다. 장점은 모든 말을 다 적어 놓지 않아서 그 구성 단락의 주제에 따라 자유롭고 편안하게 말할 수 있다. 단점은 자칫 그 단락에서 무슨 말을 해야 할지 몰라 부담스러울 수 있다.

사람에 따라 자신에게 더 적합한 방식이 있다. 누군가는 말하기 대본을, 또 누군가는 구성 대본이 필요하다고 느낄 것이다.

세 번째는 이 두 가지를 적절히 활용하는 방법을 소개하겠다.

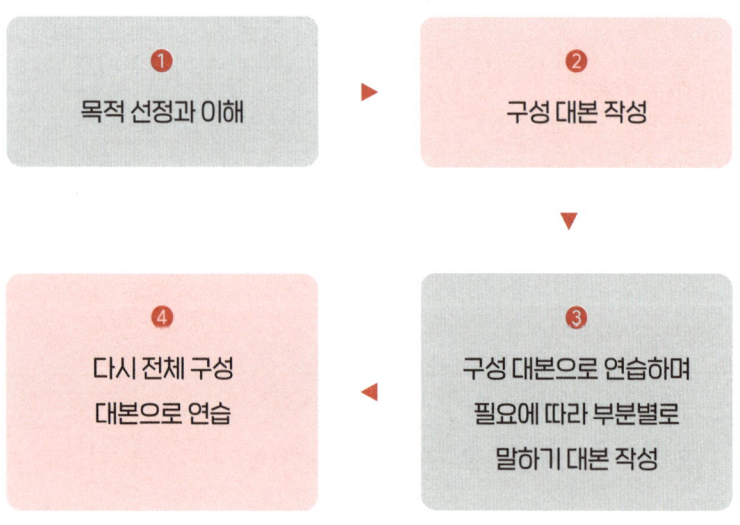

우선 구성 대본부터 작성한다. 이때 반드시 전체 흐름과 틀이 머릿속에 있어야 한다. 그리고 구성 대본으로만 연습하되 '오프닝'이라고 불리는 첫 인사는 구체적인 말하기 대본으로 작성하는 것이다. 그리고 구성에 맞게 처음부터 진행해 나간다. 단, 구성 대본으로 말하다가 막히는 부분이 있다면 그 부분은 말하기 대본으로 다시 정리하고 작성한다.

이처럼 당당하게 스피치를 하려면 실질적인 준비와 정리, 리허설을 철저히 해야 한다. 그렇게 차곡차곡 쌓이는 경험치가 우리의 스피치 무대를 자유롭게 할 것이다. 이것은 매우 당연하지만 중요한 부분이다. 실질적인 대본 준비와 악보 준비, 숙지와 연습이 되지 않은 배우, 강사, 가수, 스피커의 무대가 어찌 좋은 무대가 될 수 있겠는가?

이런 철저한 준비에도 불구하고 무대가 불안하고 떨리고 초조하다면 다른 접근이 필요하다. 그것은 실질적 준비나 연습의 영역이 아닌 심리적이고 정신적인 부분에서 영향을 받고 있을 가능성이 크다. 실제로 스피치 수업을 하다 보면 준비되지 않았는데 성향의 이유로 당당하고 또박또박하게 말을 잘하는 사람이 있고, 준비도 잘하고 잘 정리했는데도 불구하고 초조하고 불안함이 심해서 스피치를 망치기도 한다.

그 이유 중 하나는 '인정에 대한 집착 과잉'에 있다. 스피치를 하는 데 있어 전하려는 목적이나 메시지 전달에 집중하는 것이 아니라 그저 잘해서 좋은 결과를 내고 인정받고자 하는 경우이다. 누구나 좋은 스피치를 하고 좋은 결과를 얻으면 좋겠지만 그건 나중의 몫이다. 그리고 박수는 관객들의 몫이다. 인정받으려고 집착할수록 결과는 더 나답지 못하고 인정받기 어려운 상황이 된다.

또한 나를 바라보는 청중의 표정이 모두 밝고 호의적이지 않을 수 있다. 그건 내 스피치의 영향보다는 그 사람의 기본 표정이 그런 것이다. 모두 다 나에게 미소를 보내고 동의하고 찬사를 보내야 한다는 욕심에서 자유로워지자. 스피치를 하다 보면 스마트폰을 하거나 조는 사람도 있다. 스마트폰을 본다면 지금 꼭 확인해야 할 급한 일이 있는 것이다 생각하자. 눈꺼풀을 감고 있다면 어제 피곤한 일이 있었던 것이다.

스피커로서 모든 책임을 청중에게 돌리고 억지 합리화로 두둔하자는 것은 아니다. 하지만 무대 앞에 서면 불안하고 두려운 당신이 꼭 챙겨 들어야 할 말이다. 10명 중 6명은 평범하게 잘 들을 것이고, 2명은 매우 좋아할 것이며, 다른 2명은 다른 행동을 하거나 심지어 나를 싫어할 수도 있다. 이것은 스피치뿐만 아닌 인간관계와 삶의 무대에서 당당해지기 위해서도 꼭 알아야 할 부분이다.

'꽃은 영업을 하지 않는다'라는 말이 있다. 기본에 충실하고 준비한 만큼 나답게 잘 전하고 얘기했을 때, 나만의 좋은 매력이라는 향기가 사람들에게 저절로 퍼져 나가는 것이다.

끝으로 '셀프 오지랖'을 해결해야 무대에서 자유로울 수 있다. 오지랖은 사전적 의미로 '웃옷이나 윗도리에 입는 겉옷의 앞자락'을 일컫는 말이다. 옷의 앞자락이 넓으면, 몸이나 다른 옷을 겹으로 감싸게 되는데, 간섭할 필요도 없는 일에 간섭하는 것으로 때로는 상대에게 도움이 되기도 하지만, 오히려 상대를 불쾌하고 불편하게 만들기도 한다.

그런데 이 오지랖을 스피치 무대에서 굳이 자기 자신에게 펼치는 사람들이 있다. 예를 들어 다른 사람은 생각도 안 하는데, 자신의 외모에 대해서 필요 이상으로 '내 처진 눈을 보고 사람들이 이상하게 생각할 거야', '내가 살이 좀 쪘으니, 나를 뚱뚱하다고 생각할 거야', '내가 키가 작으니 나를 볼품없다고 생각할 거야' 또는 '나는 지금까지 큰 인정을 받고 살아 온 적 없으니 나를 별거 아니라고 생각할 거야'라고 생각하는 것이다.

물론 그것은 어릴 때 환경과 자라온 성장 과정에서 발생한 사건, 사연들로 형성될 수 있다. 하지만 그렇다고 그 안에 갇혀서 스피치와 그 외의 것을 엉망으로 만들 필요가 있는가?

다시 한번 말하지만 당신이 그토록 집착하고 가리려 하는 그 셀프 오지랖에 대해 '다른 사람들은 관심이 없다.' 이왕이면 그 오지랖으로 더 좋은 것을 발견하고 긍정화하는 데 사용하자.

아직도 더 걸어가고 노력해야 할 것들이 분명히 있다. 하지만 앞서 이야기한 내용들을 돌아보고 실천하다 보면 비로소 당당하고 자연스러운 나만의 무대를 만날 수 있을 것이다. 당신은 충분히 당당할 수 있다. 내가 그랬듯이 말이다.

 **Summary**

스피치 무대에서 당당하려면 우선 말하려는 내용에 대한 준비와 정리가 기본이다. 다만 그 내용에 대한 본질적 확신과 애정이 있어야 하며, 실질적인 숙지와 연습이 필요하다. 그래도 여전히 떨린다면 발표에 대한 과도한 인정과 성과에 대한 집착을 내려 놓자. 눈치 보며 겁먹지 말고, 본질에 대한 확신을 가지며 내 발표의 주인이 내가 되도록 하자.

# 강사가 아니라 배우였다

'배우(俳優)'라는 단어는 누구나 들어 보았을 것이다. 카메라 앞이나 무대에 올라 연기를 하거나 목적에 따른 행위를 하는 사람을 말한다. 연극을 하는 배우라면 연극배우라 칭하고, 춤과 노래를 함께 한다면 뮤지컬 배우, 영화에서 주로 활동한다면 영화배우, 드라마에 주로 출연한다면 탤런트(드라마 배우)라 칭한다.

나는 강의를 준비하고 활동하면서 강연 무대와 강사를 준비하는 사람들과 수업을 하면서 강사를 '강의배우'라는 하나의 영역이라 생각했다. 이 말은 그저 갖다 붙이거나 억지로 만든 신조어가 아니다. 연극의 3대 요소가 '대본', '배우', '청중'이라는 점을 고려할 때 기본적으로 강의는 하나의 공연과 같은 구성 요소를 가지고 있다. 강사는 그 무대의 배우이다.

　연극이나 뮤지컬 배우들이 엄청난 노력을 하고 쉽지 않은 일을 한다는 것을 알고 있다. 마찬가지로 어떤 면에서는 강의 무대를 준비하고 활동하는 강사, 즉 강의배우들도 일반 배우들과는 다른 노력이 필요하다.

### 자기 대본을 직접 작성할 수 있어야 한다

　보편적으로 배우들은 이미 대본이 쓰인 작품을 분석하고 그 작품을 무대나 카메라 앞에서 실현한다. 때론 자신이 창작한 극을 스스로 연극 공연으로 올리는 배우들도 있지만, 보통은 기성 작품이나 작가가 쓴 작품을 연기하는 것이다. 전자의 경우건 후자의 경우건 상당한 노력을 요한다.

　그러나 강사는 강사 스스로가 평균 두 시간 분량의 자기 강연 대본이자 자기 교안을 작성해야 한다. 때에 따라서는 서너 시간 분량의 진행 교안을 작성해야 하며, 4~6회차, 10회차 전후의 프로그램 교안도 스스로 구성하고 작성해야 한다.

　또한 내용은 교육적인 내용뿐만 아니라 자기 삶을 통과한 진정성 있고 흥미로운 내용들도 함께 해야 청중들과 소통할 수 있다. 그 대본을 철저히 연습하고 숙지해야 함은 두말할 나위도 없이 당연한 일이다. PPT나 키노트 같은 프로그램들이 진행을 도와주지만, 그 역시 별도의 프레젠테이션 구성과 사용 방법을 익혀 근본적으로 자기 대본을 철저히 연습해야 하는 것이다. 강사는 자기 콘텐츠, 지식, 경험과 다양한 이야기로, 목적과 주제에 맞는 강의안이란 대본을 직접 작성하고 수정하고 연습하고 숙지하는 작업이 우선적으로 필요하다.

오프닝 멘트부터 시작해 주제 소개, 메인 내용, 에피소드, 주제 정리, 핵심 메시지 전달, 클로징 멘트까지 강의 목적, 주제, 취지, 청중의 특성, 주어진 강의 시간을 고려하여 구성하는 것이다.

### 자기 강의를 연출할 수 있어야 한다

이미지 메이킹이란 말은 말 그대로 내 강의 무대에 맞는 의상, 구두, 시계부터 헤어스타일과 메이크업에 이르기까지 자신을 좀 더 신뢰감 있고 돋보이게 연출하는 것을 말한다. 물론 사람마다 강의 내용이나 느낌에 따라 평상복으로 편하게 입고, 헤어스타일 역시 부스스해도 무대에 설 수도 있다. 반드시 정답을 정해 놓고 진리처럼 강요하는 건 아니다. 스티브 잡스처럼 정장이 아닌 검은색 터틀넥에 청바지와 운동화를 신은 모습을 연출할 수도 있다. 하지만 그것 역시 한편으론 그 발표자의 의도이자 연출인 것이다.

하지만 보편적으로 사람들 앞에 서서 강의라는 것을 진행하는 사람은 기본 매너와 신뢰감을 줄 수 있는 의상과 이미지, 그리고 예의를 갖춰야 한다. 강의 무대에서는 기본적으로 깔끔한 정장과 잘 정리된 헤어스타일, 과하지 않은 메이크업(남성의 경우 BB크림 등으로 피부톤 정도는 정돈하면 좋다) 그리고 강의 내용에 따라 조금씩 스타일을 달리 줄 수 있다. 전통 놀이를 강의한다면 계량한복이 어울릴 수 있고, 연극 강의를 한다면 딱 떨어지는 슈트보다는 재킷이나 셔츠에 청바지를 연출하면 좀 더 활동적이고 자유로운 느낌을 줄 수 있다. 플로리스트나 화훼 관련 강의를 한다면 좀 더 밝은 색의 블라우스나 세미 정장풍으로 연출할 수도 있다.

그리고 이미지 메이킹은 보편적인 질서와 예의를 알아감과 동시에 자신의 콘텐츠, 과목, 느낌, 성향에 맞는 색, 의상 종류를 알아가는 재미있는 자기 공부가 되기도 한다. 이렇게 자신의 강의 무대에 대한 특성을 이해하고 예의, 신뢰감, 매력을 줄 수 있는 이미지를 적절하게 연출할 수 있어야 한다.

### 목소리 전달력과 자기 관리에 철저해야 한다

모든 사람들이 자신의 목소리와 건강을 챙겨야 하지만, 특히 배우들은 자신의 목소리와 말하기에 더욱 신중해야 한다. 배우에게 신체는 재산이자 전달의 도구이기 때문이다.

강사 역시 마찬가지다. 하지만 정해진 대사나 등장이나 퇴장이 있는 배우들과는 다르게 '강의'라는 공연이 시작되면 오로지 혼자 무대를 책임져야 한다. 기본적으로 전달력 있고 힘 있는 호흡 발성의 목소리가 훈련되어 있어야 한다.

말하기에 있어서도 내용을 숙지하고 연습하며 명확한 발음과 이야기를 이끌어 나가는 진행력까지 길러야 한다. '뭐 그렇게까지 어렵게 생각할 필요가 있을까?' 할 수도 있지만, 찾아보면 모두가 자신만의 강연의 퍼포먼스와 공연력을 가지고 있다는 것을 알 수 있다.

또한 꾸준한 운동과 건강관리로 좋은 컨디션을 유지하는 것도 중요하다. 사람의 컨디션은 정신과 마음가짐에도 영향을 끼친다. 강사나 배우는 최상의 컨디션을 유지해야 무대에 섰을 때 좋은 결과가 나올 수 있다. 실제로 10년차 이상의 명강사들도 일주일에 2~3회 헬스클럽 등에서 자기 관리를 위한 운동을 하며, 식단 조절, 음주 관리, 피부 관리 등의 철저한 자기 관리로 자신과 무대를 관리한다. 누군가에겐 현실적으로 힘들 수도 있지만, 결국 자신에 대한 철저한 관리와 관심이 최고의 무대를 만드는 것이다.

### 자기 돌아봄의 시간이 필요하다

배우들은 자기 자신의 몸과 존재를 활용하여 극중 인물인 캐릭터가 되어 작품 속을 살아가는 사람들이다. 악당이 되기고 하고, 친절한 신사가 되기도 하고, 강인한 형사가 되기도 한다.

연극, 영화, 드라마, 뮤지컬 등을 포함한 대본과 작품 속에는 수십 수백 가지의 배역이 있으며, 배우들은 그런 다양한 배역을 소화해

내기 위해 정말 많은 노력과 정성을 들인다.

배우들은 발음이나 발성 연습, 잘 울고 잘 웃는 감정 표현 훈련, 극중 인물이 되기 위한 작품 분석, 인물을 이해하는 인물 분석, 각 장면을 이해하는 장면 분석까지 어느 것 하나 소홀히 하면 안 된다. 하지만 배우들이 가장 먼저 해야 하는 것은 바로 '자기 분석'이다. 자기 마음을 돌아보고, 과거를 이해하고 또는 과거와 친해지는 시간을 가지는 것을 말한다.

다양한 배역을 소화하기 위해, 가장 먼저 선행돼야 하는 것은 자신의 마음과 삶을 돌아보는 것이다. '나'라는 사람의 외적, 감정적 특성을 알고 이해하고 마음을 돌아봐야 나 자신이라는 세상 하나밖에 없는 악기로 대본이라는 다양한 악보를 멋지게 연주할 수 있는 것이다.

특히 이러한 자기 분석은 강사가 되려는 사람들에게 반드시 필요한 작업이다. 강사는 보통의 배우들보다 더 자신의 삶과 경험, 마음, 깨달음을 무대에서 말하고 다뤄야 하는 직업이기 때문이다. 그렇다고 자기 감정에 지나치게 빠지지는 말아야 하며, 때론 충분한 돌아봄과 치유의 시간까지도 필요하다. 하지만 사람의 밑(강사의 날)에 가장 힘이 있을 때는 강의 주제에 맞는 자기 삶의 이야기를 할 때다. 그렇기에 강사에게 자기 분석의 시간이란 매우 중요하고 소중한 시간이 되는 것이다.

그렇다면 자기 분석이란 어떻게 시작하고 어떻게 접근해야 할까? 요즘은 꽤 많은 사람들이 알고 있는 MBTI나 애니어그램 등을 활용하여 자기 성향과 성격 분석을 할 수도 있다.

보통 배우 수업에서 자기 분석이란 나에게 계속적인 질문을 하고 답변하고 모둠 간에 공유하며 들어주고 대화하는 시간을 가진다. 다음의 질문들에 답해 보는 것으로 시작할 수 있다.

- ▶ 나의 유년시절은 어땠나요?
- ▶ 나의 청소년기는?
- ▶ 20대의 삶은 어땠나요?
- ▶ 인생에서 가장 행복했을 때는?
- ▶ 가장 힘들었을 때는?
- ▶ 내 삶의 전환점이나 큰 변화가 있었을 때는?
- ▶ 내가 사는 이유는?
- ▶ 내가 생각하는 행복이란?
- ▶ 다시는 만나고 싶지 않은 사람과 이유는?
- ▶ 그 사람에게 하고 싶은 말은?
- ▶ 삶에서 가장 고마운 사람은?
- ▶ 가장 그리운 사람은?
- ▶ 나의 가장 큰 장점은?
- ▶ 가장 고치고 싶은 것은? (꼭 고쳐야만 하는가?)

- 내 성격의 특징은? (어렸을 때부터 쭉 그랬나요? 혹은 전환점은?)
- 나의 가치관은?
- 나의 소망은?
- 가장 기억에 남는 여행지는?
- 지금까지 수고하고 있는 나에게 해 주고 싶은 말은?

강사라면 여기에 몇 가지 질문들을 더할 수 있다.

- 내가 강의를 하고 싶은 이유는?
- 사람들이 내 강의를 꼭 들어야 하는 이유는?
- 주로 어떤 사람들이 들으면 좋을까?

이렇게 자신과의 문답을 하는 것이다. 때론 구체적으로, 어떨 땐 가볍게, 바로 답이 떠오르지 않으면 시간을 가지고 찾아보면서 고민해 보는 것도 좋다.

대학로의 한 극단에서는 70가지 이상의 질문 사항을 두고 답을 찾아본 뒤 한 사람 한 사람이 말하고 듣고 공감하는 시간을 거의 두 달 여간 진행한다고 한다. 이는 자기 자신을 돌아보고 알아감과 동시에 다양한 삶을 듣고 이해하며 배우로서의 정서적 확장을 하는 데 목적이 있다. 다양한 삶을 듣고 이해하는 것만으로 마음의 공간이 생기며 연기력에 상당한 도움을 주기 때문이다. 물론 질문들 중에는 매우 민감하고 감정적인 부분도 있기에 진행하는 선생이나 코치는 매우 능숙하고 따뜻한 마음을 필요로 한다.

앞서 말한 다양한 자기 분석 프로그램과 자기 문답 과정이나 자신에게 맞는 다양한 활동과 어울림으로 마음을 만나고 나누는 시간을 가져 볼 수 있다. 강의 대상이 누구든, 강의 주제가 무엇이든지 간에 자기 삶의 이야기가 빠진 강의는 결코 좋은 강의가 될 수 없다. 이건 실제 전·현직에 있는 강사들과 강사 지망생들의 스피치 레슨을 하면서 실제로 듣고 경험한 내용이다.

학문적, 학술적 내용으로만 채우는 강의나 몇몇 특별한 목적을 둔 강의를 제외하고는, 청중들이 공감하고 진심으로 들을 수 있는 강의를 위해 자신의 마음을 이야기하자.

 Summary

강의나 스피치는 내가 준비하는 한 편의 공연과 같다. 스피치를 하는 내가 내용을 전달하고 공연하는 한 명의 배우인 것이다. 무대에서 청중들을 만나는 강사라는 직업을 선택했다면, '나 자신'이라는 배우가 되겠다는 마음을 가져야 스스로 당당하고 더 나은 무대를 만날 수 있을 것이다.

# 갑작스러운 질문,
# 준비와 대처

    5년째 출강하고 있는 한 기업에서는 스피치 트레이닝 중심으로 임직원 역량 강화 과정을 진행한다. 신입사원의 경우 3~6개월간 인턴 과정을 거치고, 그 과정에서 발견한 소속 부서나 회사의 문제점 혹은 개선 사항을 주제로 약 두 달 간의 준비 과정을 거쳐 임원들 앞에서 최종 발표한다. 기존 직원들의 경우도 공통 혹은 자유 주제로 스피치를 준비하고 발표한다. 준비한 주제를 중심으로 관련 자료를 찾고, 흐름을 구성하며 내용을 채워 나간다.

    하지만 무엇보다 발표자들의 대표적 고민 중 하나는, 바로 발표 중간 혹은 이후 임원들이 던지는 '즉석 질문'이다. 발표 자체로도 기본적으로 긴장을 동반하는데, 더군다나 상급자들 앞이다 보니 부담은 더욱 커진다. 그러다 보니 "갑작스런 질문에 어떻게 준비하고 대처해야 해요?", "발표도 발표지만 갑자기 질문하면 머리가 하얗게 돼요" 같은 질문을 많이들 한다.

### 내용 준비에 대한 떳떳함이 우선이다

무대의 특성에 따라 다를 수 있겠지만 스피치에서는 사실 좀 떨거나 시선이 아주 깔끔하지 않아도 괜찮고, 제스처나 무대 규칙 등 누군가가 만들어 놓은 원칙을 다 지키지 않아도 괜찮다. 관건은 발표 내용을 얼마나 성실하고 부지런히 준비했는지, 또 부족하다고 느낀 부분들을 채우기 위해 얼마나 충분히 고민하고 자료를 찾아보았는지다. 즉 남들이 알고 인정하기 전에 스스로 떳떳할 정도로 준비했는지가 핵심이다. 준비하지도 않아 놓고 질문할까 봐 떨리거나 긴장된다고 말하는 것은 어불성설이다.

### 예상 질문 리스트를 미리 만들자

발표는 내용 준비가 우선이지만, 질문이 예상되는 자리라면 미리 질문 리스트를 만들어 그에 대한 답을 준비하면 된다. 예상 질문은 내용의 구성이나 흐름, 또는 시간 관계상 다 담지 못하는 내용, 혹은 자료 준비를 마친 상황에서 추가하기 모호한 내용이 있을 때 듣는 입장에서 궁금해할 만한 것들로 구성할 수 있다.

내가 만약 청중이라면 어떤 질문을 할지 약 10가지 정도의 예상 질문을 미리 적어 보자. 그러면 질문 준비와 함께 미처 생각지 못한 내용도 자연스럽게 보완된다. 물론 경험이 반복되면 여유를 가지고 반사적으로 답변도 할 수 있겠지만, 미리 청중의 나이, 직업, 목적 등의 특성을 토대로 질문들을 시뮬레이션하면 보다 도움이 될 것이다.

### 완벽한 대답보다 나만의 대답을 하자

무대 스피치나 업무적 만남에서 질문에 대답하기 어려운 이유 중 하나가 바로 '100% 완벽해야 한다'는 강박이다. 다시 말하지만 강의, 발표, 프레젠테이션 등 여러 스피치의 기본은 성실하게 공부하고 준비하며, 깊이가 있어야 한다는 것이다. 다만 노력했다면 그때부터는 자신을 믿고 자신만의 의견을 답할 줄도 알아야 한다.

하지만 완벽한 대답을 해야 한다는 욕심 때문에 충분히 괜찮은 답변을 할 수 있음에도 긴장하거나 제대로 답을 못하는 경우가 있다. 물론 당신의 스피치를 들을 대상이 한 분야의 전문가일 수도 있지만, 몇 년간이나 몇 달간, 혹은 몇 날 며칠간이라도 시간과 정신을 투자한 당신보다 정말 더 많이 알고 한 치의 틈도 없는 사람들일까? 청중을 존중하되 너무 커다랗게 여기지는 말자. 당신이 노력하고 고민한 만큼 나름대로 충분히 의미 있는 답변을 할 수 있다. 자존감이 스피치에 중요한 이유가 여기에 있다. 아주 높은 수준만을 기준 삼지 말고, 당신의 시간을 귀하게 여기며 당신만의 호흡으로 나아가라. 생각보다 괜찮은 무대를 만들 수 있을 것이다.

### 모르는 것에도 자신감이 필요하다

앞서 말한 기업의 직원 연수 과정에서 갑작스럽고 잘 모르는 내용에 대해 질문을 받았다고 하자. 물론 알고 있는 정보와 지식을 활용해 최대한 정성껏 답하는 것도 필요하지만, 잘 모르거나 정확하지 않은 내용임에도 쥐어짜듯 말하다 보면 말이 겉돌고 전달력을 가지기 어렵다.

정확히 모르는 것에 대한 질문을 받았을 때는 "그 부분에 대한 준비는 미처 하지 못했습니다. 질문해 주신 부분을 보완해서 다시 보고드리겠습니다"라고 하는 게 낫다. 그래도 발표자인데 프로답지 못하고 성의 없어 보이는 것 아니냐고 반문할 수 있겠지만, 애초에 높은 전문성을 원하는 무대가 아니라면, 특히 신입사원 발표나 과제 발표 같은 상황에서는 일부분 모르는 것이 큰 문제는 아니다. 오히려 모르는 것을 뻔뻔하거나 당연한 것처럼 말하는 것보다, 잘 모르면 모른다고 차분하면서도 명확히 말하고, 좀 더 알아 보거나 준비하겠다고 예의 있게 말하는 것이 더욱 깔끔하다.

질문이란 나에 대한 부정이나 공격이 아닌, 내가 전한 내용에 대해 좀 더 구체적인 관심을 보이는 고마운 현상이다. 또한 좀 더 좋은 발표와 만남으로 이어지는 다리이자 반가운 손님과 같다. 준비하면서 이러한 생각들도 함께 가진다면, 정체성을 지키면서도 더 유연한 답변이 가능할 것이다.

 **Summary**
후회 없이 발표를 준비하고, 내용상 담지 못하거나 청중이 궁금해할 예상 질문을 준비하며, 완벽하기보다 나답게, 모르는 것이 있어도 기죽지 않고 대답한다면 어떤 질문이든 유연하게 헤쳐 나갈 수 있을 것이다.

**부록**

# 말하기 전에
# 준비됐나요

> **변화로 이어지는
> 셀프 캠페인**

　강의라는 이름으로 사람들에게 중요하고 소중하다고 생각하는 무엇인가를 전하면서, 사실 마음 한 편으로는 이런 생각이 떠나질 않았다.
　'강의와 교육으로 세상은, 사람들은 좋아지고 성장하고 있을까?'
　강의를 듣고 책을 보며 스스로에 대한 깨달음은 얻었는데, 그 깨달음은 왜 며칠을 가지 못하는 것일까? 심지어 몇 년 후에 적어 놓은 노트를 보고 나서야 새삼스럽게 추억에 잠기게 되는 이유는 무엇일까? 가슴 깊이 스며들고 삶을 바꾸는 강력한 메시지는 무의식적으로 우리에게 영향을 끼쳐서 인생을 자연스레 바꿔 놓기도 한다. 하지만 들을 때 좋고 읽을 때 감동 받았지만 그것이 실제 삶으로 이어지지 않는 경우에 대한 고민을 많이 했다.

몇 년 전 '천천히 사는 법'에 대한 강의를 듣고 나오면서 '그래, 불필요한 힘은 빼고 조금 천천히 차분히 살아 봐야지'라고 생각했다. 사람마다 다를 수 있겠지만 그때의 감동과 다짐이 오래지 않아 과거가 되고 현실을 살다 보면 금세 잊혀 버리는 안타까운 경험들을 하게 된다.

'지금까지 내가 깨달은 대로만 살았어도 내 삶에 어떤 변화가 일어났을까? 왜 항상 그때뿐일까?' 그런 생각을 하며 길거리를 걷던 중 '물사랑 캠페인'이라는 포스터가 눈에 들어왔다. 나에게 중요하고 필요한 부분은 스스로 캠페인처럼 운영해 보면 변화를 만들 수 있지 않을까?

캠페인은 다양한 목적을 가지고 사람들의 참여와 관심을 도모하는 것이다. 스스로 그 제목과 내용, 기간을 정해서 진행하면, 스스로의 변화를 위해 큰 도움이 될 거라는 생각에서 출발한 것이었다. 명명하여 '셀프 캠페인'이라는 것이다.

예를 들어 어떤 교육이나 매체를 통해 '천천히 여유 있는 마음으로 살자'라는 주제를 얻었다면, 그것은 변화의 시작이지 변화된 것은 아니다. 단지 씨앗을 얻은 것이다. 그 씨앗을 일상이라는 밭에 심고 지속적으로 관심을 가져야만 그 주제는 일상으로 들어와 삶에 영향을 미친다. 그래서 두 번째로 해야 하는 것이 주제에 맞는 실질적 액션 플랜을 구성하는 것이다.

'천천히 여유 있는 마음으로 살자'라는 주제에 대해 생각하다가 일상을 관찰하고 돌보기 시작했다. 며칠을 돌아보니 우선 운전할 때, 그리 급하지 않은데도 추월을 하고 속도를 높이려고 했다. 두 번째는 승강기 문 앞에 서 있다가 내리는 사람과 부딪치거나 그럴 뻔한 일이 있었다. 승강기에 탑승해서는 가고자 하는 층의 버튼을 누른 후 습관적으로 빨리 닫힘 버튼을 연속해서 누르는 것이었다.

그래서 다음과 같이 적었다.

---

**셀프 캠페인 ①**

작성일 | 20XX. XX. XX (수)

**1. 제목**

천천히 여유 있는 마음으로 살자

**2. 변화를 위한 행동**

① 운전 중 불필요한 속도 내지 않기, 불필요한 추월 금지

② 승강기 탑승 전 한 걸음 물러나 있기

탑승 후 층수를 누르고 빨리 닫힘 버튼을 누르지 않기(단, 급한 일이나 상황이 없는 경우에만 해당)

③ 일주일에 한 번씩 휴대폰 끄고 30분씩 산책하기

여기서 중요한 것은 실행 기간과 평가다. 앞의 내용에 대해 기간을 정하고 시간이 지난 후 얼마나 잘 지켜졌는지 객관적인 평가를 해 보는 것이다.

> **3. 기간**
>
> 3주(스스로가 실행 가능한 기간을 정하는 것이 좋다. 2주 이상은 지킬 수 있는 기회를 주자)
>
> **4. 평가**
>
> 기간이 지나고 항목에 대해 얼마나 잘 지켰는지 스스로를 돌아보자.

이렇게 하면 실질적인 계획이 가능하고 스스로 필요하다고 생각한다면 기간을 계속해서 연장시킬 수도 있다. 물론 잘 지켜지지 않는 경우가 많고, 다른 것에 신경 쓸 것도 많다 보니 바쁘고 귀찮아져서 중간에 그만하고 싶은 마음도 수십 번씩 생긴다. 그러나 이렇게 하다 보니 적어도 예전보다는 일상을 급하게 살지 않게 되었다.

'천천히 여유 있는 마음으로 살자'는 4년간 진행하고 있으며 시간이 지난 지금 확연히 다른 삶의 속도를 찾게 되었다. 심지어는 '내가 왜 이렇게 급하고 바쁘게 살아야 하지?'라는 다소 철학적인 질문과도 마주하게 되었다. 그리고 깨달았다. '인정받고 싶다'라는 마음으로 여유가 없이 살다 보니 그게 습관처럼 몸에 배어 버린 것이다.

타고나길 원래 그런 사람이라는 주변의 이야기도 들었지만, 캠페인으로 이전보다 훨씬 많이 변화할 수 있었다. 그리고 살아가다가 깨닫거나 감동 받는 부분은 일정 기간의 '셀프 캠페인'으로 실행하며 머리가 아는 것을 몸이 알게 하고, 일상으로 스며들게 만드는 습관이 생겼다.

우리의 목소리, 말하기, 표현이라는 것도 마찬가지다. 지금 자신에게 필요하고 지속적으로 관심을 가져야 할 부분이 있다면 '그렇구나'라는 외마디 깨달음으로 끝내는 게 아닌 셀프 캠페인으로 실행하길 추천한다.

만약 목소리가 커지고 싶다면 그 주제 안에서 ① 하루에 5분씩 소리의 거리감을 가지고 문장 읽기, ② 커피숍에서 주문할 때 똑바르고 명확하게 주문하기, ③ 평상시 대화할 때 모호하게 말하거나 힘없이 말하지 않도록 주의하기와 같이 변화를 위한 행동으로 옮겨보자. 변화를 위한 행동과 의지만 있다면 얼마든지 변화할 수 있다.

## 나만의 스크랩과 뉴스 스피치

사람들에게 인정받고 사랑받는 명강사들이나 어떤 상황에서도 거침없이 자기 생각과 의견을 또렷하고 논리정연하게 말하는 사람들이 있다. 방송을 통해 봤을 수도 있고 강연장이나 일상생활에서 한번쯤은 만나봤을 것이다.

그들의 특징은 무엇일까? 앞서 말한 자기 삶의 가치나 생각이 명확한 것은 물론이지만 그들은 자료 정리를 철저히 한다. 자료 정리라고 하면 뭔가 거창하고 어려울 듯 하지만 의외로 간단한 방법들이 있다. 바로 자신만의 '스크랩북'을 만드는 것이다. 말을 잘한다는 강사나 주변 사람들의 대부분은 이 스크랩을 수년간 꾸준히 해 오는 것을 자주 봤다.

수업에서 만난 한 중소기업의 대표는 목소리 트레이닝이나 구성에 대한 도움이 필요했을 뿐 내용적인 면에서는 이미 다양한 소재와 주제를 가지고 있었다. 직원들에게 말할 기회가 있을 때 어떤 주제로 어떤 내용으로 하면 좋을지 이미 준비된 사람이었다. 그의 재료 공급처는 다음과 같았다.

요즘처럼 인터넷이 발달하고 수많은 매거진을 웹으로 정기 구독할 수 있는 시대에, 정기적으로 신문을 받아보며 매일 아침 20~30분 정도 조용히 신문을 읽고 인상 깊거나 좋은 내용의 기사는 순수 가위질 하고 풀을 발라 스크랩한다고 했다. 그의 사무실 책장 한편에는 꽤 두꺼운 4절 스크랩북이 가득 꽂혀 있었는데, 자신이 회사 대표가 되고 나서부터 시작했다고 한다.

처음엔 회사 일이나 유사 분야의 사업에 관련한 내용들 위주로 스크랩을 했고 나중엔 스포츠, 방송연예, 자동차, 취미 등 다양한 카테고리들도 관심 깊게 읽으며 스크랩한다는 것이었다. 좋은 내용이나 인상 깊은 부분은 읽는 것만으로도 기억에 남을 수 있지만, 스크랩을 통해 자료화 하고 정리되면 뇌리에 더 깊이 남는다.

베스트셀러라고 불리는 책들은 반드시 읽어 보고 그 책의 주요 내용을 정리하는 것도 그의 독서 스크랩 방법이다. 책을 읽고 주요 내용을 다시 읽어 보며 주제와 핵심을 정리하면, 스스로에게는 지적 재산이자 깊이 있는 소재들이 된다. 10여 년간 주 2~3회씩 신문과 독서 스크랩을 해 온 그는 직원들에게 월례 조회나 송년회, 신

년사 때 폭넓고 다양한 주제의 스피치를 자연스레 할 수 있었다. 일상생활이나 다양한 만남, 업무 미팅 등의 자리에서도 자연스럽고 넓은 대화의 폭을 가질 수 있었다. 재료가 풍성하고 양념이 많아야 그때그때 요리의 맛을 낼 수 있는 것과 같다.

현실적으로 신문 읽기나 독서가 조금 어렵다면, 휴대폰을 활용한 스크랩부터 시작해 보자. 인터넷 포털 사이트에는 하루에도, 아니 한 시간에도 수많은 기사와 소식들이 쏟아지며 각 카테고리와 분야별로 다양한 기사와 누군가의 칼럼, 논평들이 수없이 나온다. 그래서 광고가 많거나 깊이 없는 이목 끌기에만 집중한 질 떨어지는 내용은 기본적으로 구분할 수 있는 능력도 함께 키워야 한다.

만일 인상 깊고 좋은 내용의 기사가 있다면 보고 있는 화면을 휴대폰으로 스크랩하자. 나중에 분야별로 나눠서 폴더로 모아 두면 나의 스피치 재료이자 정리의 수단이 된다. 이틀에 한 번씩, 한 달만 해도 8개 이상의 자료가 모인다. 다시 말하지만 재료가 풍성하고 알고 있는 것이 많아야 스피치에도 깊이가 생긴다.

또한 월간 매거진의 구독도 추천한다. 최근에 각 매거진마다 애플리케이션이 생겨서 웹으로도 얼마든지 무료 구독을 할 수 있지만, 가능하다면 월 한 권 정도는 정기구독이나 구입하기를 추천한다. 광고가 난무하고 자극적인 제목으로 현혹하는 그런 잡지를 왜 보냐는 사람들도 있을 수 있다. 하지만 그 속에는 트렌드의 핵심 내용들이 있다. 스피치 리더들은 깊이를 더하는 클래식한 정보와 시대를 읽는 트렌드 정보도 부지런히 수집한다.

뉴스 스피치 실습을 진행할 때 자신이 가장 최근에 인상 깊게 본 신문, 뉴스(인터넷 포함), 책, 매거진의 한 부분을 준비한다. 그리고 그 내용에 대해 먼저 이야기하고 유독 와 닿거나 인상 깊었던 이유, 생각이나 느낌, 경험 등을 이어서 이야기한다.

이 스피치 연습은 객관적 사실, 정보, 소식 등과 함께 나의 마음과 생각을 동시에 전할 수 있기에 보다 신뢰감이 생기고 중심 잡힌 스피치 능력 향상에 도움을 준다.

### 실습 가이드 & 예시

**제목 | 삶에도 휴게소가 필요하다**

▶ **뉴스소개** ▶ 얼마 전 이런 기사를 봤습니다. 국토교통부에서 2011년 처음 고속도로 위에 만든 것이 바로 졸음 쉼터인데요. 다들 아시다시피 졸음 쉼터는 고속도로에서 운전을 하다가 졸음이 오거나 피곤하면 잠시 쉬어갈 수 있게 만들어 놓은 간이 휴게소 같은 곳입니다. 얼마 전 졸음 쉼터의 실질적 효과에 대한 조사를 시행했는데 그 결과가 꽤나 인상적이었어요. 졸음 쉼터가 설치된 구간은 그 전보다 사고 발생률이 38% 감소했으며, 사망자수

는 무려 55%나 감소했다고 합니다. 국토교통부에서도 예상보다 좋은 효과에 앞으로 점차 이 졸음 쉼터를 늘려 나갈 예정이라고 하는데요.

**내생각▶** 이 기사를 보며 문득 이런 생각이 들었습니다. 나에게도 지금 이런 졸음 쉼터가 필요한 게 아닐까 하는 생각 말이죠. 물론 쉽게 쉴 수도 멈출 수도 없는 게 사실입니다. 열심히 살아가야 하지만 정해진 시간에 무언가를 이루고 목적지에 도달하기 위해 휴게소도 한 번 들르지 못하고 계속 살아간다면 더 위험한 것이 아닐까 하는 생각이 든 것입니다.

**정리▶** 여러분은 어떤 졸음 쉼터와 휴게소를 가지고 계신가요? 최근에 언제 들리셨나요? 그 휴게소에 잠시 들러 마음도 쉬고 스트레칭도 해 주면 우리는 더 안전하고 멀리 갈 수 있지 않을까요? 아주 가끔씩은 졸음 쉼터와 휴게소에 들르면 좋겠습니다. 감사합니다.

이렇게 뉴스나 정보를 활용하여 스피치를 만들 수 있다. 스크랩을 꾸준히 하다 보면 목적에 맞는 소재 선정을 할 수 있고, 그 소재와 목적에 맞춰 하나의 스피치를 만들 수 있는 것이다. 예시 내용처럼 철학적 메시지가 아니더라도 괜찮으니 가볍게 3~5분 정도의 길이로 나만의 뉴스 스피치를 만들고 발표하는 연습을 해 보자.

## 내 이야기의 포스팅과 목록화

스피치를 한 번도 배워 본 적 없는 사람들이 스피치를 잘하는 경우를 종종 본다. 그들 중에는 우리가 닮고 싶거나 말을 잘한다고 감탄하는 명강사나 명발표자도 있다. 그들의 특징 중 하나는 바로 생각을 글로 정리하며 정기적으로 블로그 포스팅을 한다는 것이다.

글을 쓴다는 것은 주제 선정과 동시에 써 나가며 내 생각과 마음을 정리할 수 있게 해 준다. 내 생각과 이야기가 정리되어 있으면 언제 어디서든 준비된 내용을 이야기하면 된다.

주제 선정은 내가 하는 일, 관심사, 전공 분야, 때로는 일기가 되어도 좋다. 또한 공개형으로 오픈해도 좋고 나만 볼 수 있게 관리해도 좋다. 블로그나 글을 공유하는 웹페이지도 좋으며 휴대폰 메모장을 사용해도 좋다.

그럼, 어떤 특정한 분야를 가진 사람만 정리가 가능할까? 아니다. 누구든 자신의 생각, 마음, 정보를 정리해 볼 수 있다.

---

**내가 빵을 만드는 사람이라면**

**○○○의 빵 만들기 배움 일지**

① 밀가루 반죽의 종류와 반죽 방법

② 빵이란 이름의 어원과 역사

③ 내가 만든 첫 빵

④ 어렸을 적 가장 기억에 남는 빵

⑤ 우리 엄마가 가장 좋아했던 빵

⑥ 빵과 떡의 차이와 공통점

---

**내가 요가 강사 지망생이라면**

**나의 요가 배움 일지**

① 첫 요가 수업에서 느낀 점

② 요가는 몸과 마음의 만남이다

③ 요가의 어원

④ 요가의 역사

⑤ 요가의 종류와 특징

⑥ 몸의 자세와 마음의 자세

한 취준생이자 자취생의 포스팅 목록을 정리해 보면 다음과 같다. '나의 서울 생활 자취기' 라는 제목으로 정리하였다.

① 내 삶의 첫 자취방을 구하다
② 내가 나를 챙긴다는 것
③ 혼밥과 친구가 되다
④ 술을 끊어야 하는데 외로움이 막는다
⑤ 첫 월급
⑥ 가족에 대한 마음

각 주제별 분량은 A4 반 장 정도도 좋고 한 장 이상이 되어도 좋다. 쓰다 보면 나만의 이야기들이 정리되며 그 정리된 생각과 내용은 스피치에서 매우 유용하게 사용된다.

내가 가장 잘할 수 있는 말은 내 마음과 경험이 담긴 말이다. 이러한 글쓰기 포스팅 연습과 함께 쓴 내용을 녹음기로 실제로 읽고 말하면서 녹음해 본다. 이러한 연습은 내 생각과 마음을 정리하고 말하기로 이어 주는 매우 중요하고 일상적인 방법이다.

## 스피치 리허설

목적에 맞는 스피치 내용이나 원고가 준비되었다면 지금부터 연습과 리허설을 해 보자. 연습과 리허설은 유사하지만 차이가 있는데, 연습은 원고를 숙지하고 익히는 것이라면, 리허설은 실전과 같은 준비와 실제 청중 앞이라 생각하며 스피치를 해 보는 것이다. 면접, 회사에서의 브리핑과 발표, 강의, 자기소개, 사회자 스피치 등 개인마다 스피치 종류는 다르지만 연습과 리허설의 방법은 같을 수 있으니 각자의 목적별로 잘 활용해 보자.

첫 번째는 녹음기를 활용하는 방법이다. 모든 내용을 녹음하고 무조건 듣기 위함은 아니고 일정 부분 부담을 가지기 위해 스스로 녹음 버튼을 누른 상태에서 스피치가 기록되고 있다는 의도적 불편을 장치해 두고 연습하는 것이다.

그 불편이 바로 연습의 효과를 준다. 녹음기를 따로 구입할 필요는 없으며 휴대폰 녹음기를 사용하면 된다. 장소는 거실도 좋고 방도 좋다. 혼자서 편히 목소리를 낼 수 있는 곳이라면 어디든 상관없다. 손에 잡은 녹음기나 휴대폰은 마이크 대용으로 손에 쥐어지기에 연습에 상당히 용이하다.

의상부터 헤어스타일, 양말까지 준비하자. 다시 말하지만 실전처럼 철저히 준비한 후 진행하는 리허설이다. 그리고 듣는 사람들은 총 몇 명이며 대략 어떤 사람들이 그 자리에 오는지 이미지 트레이닝(상상)하며 그 시간 그 공간에 있다고 생각하자.

골프, 수영 같은 운동선수들이 사용하는 이미지 트레이닝법은 우리의 뇌를 미리 내용과 현장에 적응시켜 실전의 공간에서 익숙하게 만드는 엄청난 효과를 가져 온다. 현장에서 달라질 수도 있지만, 사전에 발표장의 공간과 대상들의 특성을 미리 상상하고 그려 보며 연습하는 것이 바로 리허설의 기초 작업이자 핵심인 것이다.

녹음이 익숙해졌다면 다음은 영상 촬영 리허설을 해 보자. 역시 카메라를 구입할 필요는 없다. 휴대폰 카메라를 사용하면 된다. 모니터링을 하고 싶다면 해도 좋지만 녹음과 마찬가지로 시선에 대한 의도적 불편 요소를 활용해 연습하는 것이 목적이다. 모니터링하며 수정하는 것은 개인의 선택이자 자유다. 카메라 렌즈는 실질적 시선을 활용해 리허설할 수 있으므로 녹음보다 한 단계 더 발전된 방법이라 할 수 있다.

다음은 실제 청중을 통한 연습이다. 당일의 청중은 아니더라도 듣는 사람을 앞에 앉혀 놓고 연습하는 방법이다. 비교적 편하게 생각하고 실수해도 잘 들어 줄 수 있는 사람을 앞혀 놓자. 가족이 될 수도 있고 친한 친구나 동료가 될 수 있다.

내가 연습해야 하는 이유를 솔직히 이야기하고 부탁하자. 그런 다음 피드백을 물어보거나 때론 실전처럼 질문을 받거나 리허설의 강도를 높이는 것은 본인이 선택하자. 그냥 들어주기만 하면 되는 역할인지, 듣고 나서 소감이나 느낌을 물어보고 수용하고 적용할 것인지는 어디까지나 선택이다. 다만 부탁을 들어준 사람에게는 내 나름의 방식으로 꼭 대가를 지불하자. 나의 리허설에 있어 엄청난 도움을 준 것이니 말이다.

조금 더 나아간 연습 방법이라면 모임 공간이나 연습실 등을 빌려서 연습하는 것이다. 집이나 방에서 해도 좋지만, 발표의 장소와 비슷한 사무실이나 강의장 같은 공간에서 연습을 해 보자. 미리 발표 공간과 유사한 장소에서 헤어, 의상, 소품 등을 챙기고 거기에 듣는 사람까지 함께 한다면 리허설은 완벽에 가까울 수 있다.

녹음하고, 촬영하고, 장소까지 빌리고, 듣는 사람의 역할까지 동원해 스피치 내용을 3~5회 반복한다면, 여전히 부담스럽고 떨릴지라도 그것을 하기 전과는 확연히 다른 확신이 생긴다. 내용을 반복하고 실전처럼 연습했기에 생기는 확신도 있겠지만, 노력하고 공을 들인 스스로에 대한 근본적 자신감도 생성된다. 이렇게 연습하면 못할 리가 없다. 조금 불만족스러워도 분명한 것은 후회가 덜하다. 조금 과한 방식이 아닌가 생각이 들겠지만 많은 사람들이 이러한 연습을 통해 힘을 얻었다.

여기서 끝인 것 같지만 또 있다. 나 같은 경우는 강의 초반 숨이 가쁘고 땀이 많이 나서 고생했다. 긴장이나 불안 등의 심리적인 부분도 있었지만, 기초 체력이 모자라 한 시간에서 두 시간의 강의 시간이 꽤 힘들었다. 그래서 생각한 것이 집 뒷산을 오르며 연습하는 것이었다. 실전처럼 헤어스타일을 만지고 정장에 구두까지 신고 산을 오르며 연습했다. 혼자서 스피치를 연습하다가 다른 사람들을 만나면 녹음기를 켜고 통화하는 것처럼 산을 오르며 강의와 스피치를 연습했다. 그렇게 땀을 뻘뻘 흘리며 구두를 신은 채로 3~4시간 연습하고 나면 내용 숙지는 물론 체력적으로도 상당한 훈련이 된다. 이런 연습 후 평평한 바닥의 강의실에서 가만히 서서 하는 스피치는 굉장히 편해졌다.

그리고 청중들이 할 수 있는 예상 질문 리스트도 10가지 정도 미리 준비해 놓고 답변하는 연습까지 함께했다. 내가 취준생이라면, 면접에서의 자기소개, 예상 질문으로 그에 맞는 연습과 리허설을, 회사에서 발표나 브리핑이 있다면 그에 맞게, 강사라면 강의 내용과 강의장 정보를 토대로 재미있고 치열하게 연습해 보자. 불편하고 부담스러운 상황 뒤로 숨지 말고 오히려 그 상황을 불러오고 만들어 미리 앞서자. 당신은 당신의 생각보다 강한 힘을 가지고 있다는 것을 알게 될 것이다.

① 목적, 목표에 맞는 스피치 내용을 정리하자.

② 평균 10회 이상 계속해서 읽어 보고 숙지하고 수정하자.

③ 연습할 만한 장소를 찾아 녹음, 촬영의 방법으로 리허설 하자. 강의나 모임 공간을 대여해도 좋다. 이때 헤어, 의상, 필요한 모든 소품을 준비하고, 발표 장소나 듣는 사람의 특성을 미리 파악하여 이미지 트레이닝하자.

④ 스피치를 잘 들어줄 수 있는 사람에게 청중 역할을 부탁한 후 직접 앞에서 말해 보자.

⑤ 실제 받을 수 있는 질문을 미리 준비하고 그에 대한 답변도 준비하자.

## 나의 캐릭터는 무엇인가

어렸을 때 사람 흉내를 잘 냈다. 전문적으로 성대모사를 해서 그것이 업이 된 몇몇 개그맨에 비할 바는 아니지만 그 사람의 표정, 목소리, 느낌을 유심히 관찰하고 유사하게 흉내내는 것은 내가 잘하는 몇 안 되는 재능 중 하나였다.

중·고등학교 시절 각 과목별 선생님들을 관찰해서 같은 반 친구들 앞에서 흉내 내면 친구들은 배꼽을 잡고 웃었다. 대학에 가서는 선배들과 교수님을 흉내 냈고, 군대 훈련소에서는 조교, 소대장, 중대장을 따라 해서 결국 수료식 때 수백 명의 훈련병들 앞에서 흉내내기로 장기자랑까지 했다. 좀 우스운 일이지만 그 일로 훈련소를 퇴소하며 표창장까지 받았다. 아직도 아버지는 우수한 성적으로 훈련 받아 받은 상장인 줄 아신다.

사회생활을 하면서도 상대방의 기분이 상하지 않는 범위 내에서 사람들의 표정, 음성, 느낌을 흉내 내면 사람들은 즐거워했다. 이때의 능력은 강사를 하면서는 꽤 유용하게 활용됐다.

그러던 어느 날, '나는 늘 누군가를 따라 하는데 왜 한 번도 나를 따라 하는 사람은 본 적이 없지?', '본질적으로는 나는 어떤 색을 가진 사람이고 어떤 특징이 있는 사람이지?', '연극이나 영화를 봐도 각각의 캐릭터(성격) 특유의 느낌이라는 게 있는데, 나는 어떤 캐릭터지?'라는 고민이 생겼다.

처음에는 특별하고 싶은 마음도 있었지만, 특별하지 않더라도 나의 존재가 무엇인지에 대해 고민하기 시작한 것이다. 어쩌면 사춘기라 불리는 질풍노도의 시기는 10대를 지나 20대, 30대, 40대 심지어 그 이후에도 간간이 찾아오는 게 아닌가 싶다.

그렇게 고민하다 보니 다른 사람들의 행동을 단순히 말투, 목소리, 표정으로만 관찰하는 단계를 넘어, 그 사람들의 행동 특징과 이유까지 조금씩 들여다보기 시작한 것이다. 그렇게 사람들을 관찰하다 보면 선택을 시원하게 잘하는 사람, 우유부단한 사람, 대범한 사람, 소심한 사람, 잔머리를 잘 굴리시만 결국 큰 것을 놓치는 사람, 지금 당장은 손해 보는 듯 하지만 결국 사람의 마음을 사는 사람, 친절한 사람, 비호감인 사람, 겉으로는 차갑지만 속은 따뜻한 사람, 겉으로는 따뜻해 보이지만 속을 알 수 없는 사람 등 정말 수많은 사람들이 있다는 걸 알게 됐다.

자기 삶의 무대에서 매력적인 사람들은 특징이 있었다. 매력이란 말은 '사람을 사로잡아 끄는 힘'이라는 뜻을 가지고 있는데 그러한 힘은 스피치와 목소리에서도 중요한 역할을 한다.

그들은 추구함이 또렷하다. 얼핏 호불호가 강하다고도 볼 수도 있지만 사람에 대한 배려가 동시에 존재한다. 자신의 추구함은 강하지만 다른 사람에게 강요하지 않는다.

더 쉽게 접근해 보자. 자신이 좋아하는 것과 싫어하는 것에 대해, 말하자면 스스로가 무엇을 원하고 무엇을 싫어하는지 잘 알고 있다. 내가 좋아하는 색, 나에게 어울리는 디자인과 의상, 갖고 싶은 차, 신발, 액세서리, 좋아하는 음식, 나에게 힘이 되는 강의나 책, 사람의 유형, 내가 집중할 수 있는 환경, 힘들 때 재충전하는 방법까지 말이다. 물론 모르는 것이 있고, 명확하게 이유를 설명하지 못하는 부분도 있을 것이다. 하지만 대부분 자신이 선택하는 요소들에 명확한 이유가 있는 것이다. 그것이 자신의 캐릭터를 만든다.

유전적, 환경적으로 생성된 나의 모습이 있다. 그런 나의 모습에 내가 추구하는 것이 만났을 때 비로소 그 사람 고유의 캐릭터와 힘이 생긴다.

나 역시 누군가를 잘 따라하고 유쾌한 사람이지만, 다른 사람의 시선에 연연했을 뿐 나의 추구함이나 원함은 명확하지 않았다. 그래서 마음먹고 행동으로 옮겨보기로 했다. 내가 진짜 좋아하는 것들을 찾아보기로 했다.

부산 출신이라서 그런지 해산물을 많이 사용하는 일식을 유독 좋아한다. 세미 정장이 잘 어울리고 청바지와 재킷 안에는 가벼운 티셔츠가 어울리며, 주로 푸른 계열, 남색 계열이 잘 받는다. 헤어스타일은 윗머리는 펌을 하고 옆머리는 누르는 다운펌으로 깔끔하게 정리하는 것이 어울린다. 속옷은 드로즈 스타일을, 강의는 조용하고 담백하게 말하는 스피치 스타일을 선호한다. 주중에 한두 번은 혼자 조용히 산책하고, 기도나 명상하는 시간을 간간이 가지지 않으면 호흡이 들떠서 스스로도 힘들어 한다. 2주에 한 번은 친한 친구와 함께 해산물에 사케나 희석식 소주를 가볍게 즐기는 것이 삶의 소소한 재미다.

여전히 나에 대해 모르는 것이 있다. 그래서 스스로에 대해 더 궁금한 것이 있지만, 지금처럼 천천히 돌아보고 알아보려 노력한 결과 내가 무엇을 좋아하고 무엇을 싫어하는지를 알게 되었다. 술에 물 탄 듯 물에 술 탄 듯 유야무야 흘러버리는 것이 아닌 삶 속의 크고 작은 방식을 정립시키고 일정 부분 루틴이 생긴 것이다. 가끔은 그 루틴을 깨고 일탈을 하기도 하지만 나의 방식을 인정하고 노력하고 있다.

'삶은 공연이며 우리는 그 일상과 직업의 무대를 살아가는 배우이다'라는 교육 철학도 세웠다.

　스스로를 궁금해하고 알려고 노력하자. 나라는 사람이 무엇을 원하고, 어떻게 살고 싶고, 무엇을 왜 하고 있는지 궁금해하는 것은 당신의 권리이다. 결코 지나치지 마라. 내 가슴이 뛰는 지점이 무엇인지 어디인지 계속해서 탐색해 보자. 이거다 싶은 무엇이 나타나면 거기에 시간도 마음도 돈을 들여서라도 경험해 보자. 삶은 직접 부딪치지 않으면 결코 알 수 없는 것들이 있다.

　이정표를 제공 받았다면 핸들을 잡고 기름도 넣고 헤매더라도 직접 차를 몰아봐야 한다. 언제까지 누군가 운전해 주는 차를 탈 것인가?

　때론 힘에 부치더라도 나를 제대로 알아야 '나'라는 사람이 갖고 있는 고유의 목소리와 말의 힘이 생기는 것이다.

### 나를 알아가는 체크 포인트

나는 어떤 캐릭터를 가진 사람인가? 내가 원하고 추구하는 것은 무엇이며 소망하는 것은 무엇인가? 다음의 체크 포인트로 자신을 돌아보자. 또한 새로운 질문들을 추가하며 자신을 더 알아가 보자.

- ☐ 나를 네 글자로 표현한다면? (사자성어나 혹은 자유로운 말 만들기)
- ☐ 나를 무엇인가에 비유한다면? 이유는? (동물, 사물, 자연, 계절 등)
- ☐ 가장 좋아하는 색과 이유는?
- ☐ 가장 싫어하는 것과 이유는?
- ☐ 가장 선호하는 음식과 꺼려하는 음식은?
- ☐ 마음에 품고 사는 글귀나 문장이 있다면?
- ☐ 내가 하는 일의 가치관이나 원칙은?
- ☐ 꼭 지키는 루틴이 있다면? 그 루틴이 형성된 이유는?
- ☐ 스스로 개선하고 싶은 게 있다면?
- ☐ 내 스피치의 장점과 단점은?
- ☐ 닮고 싶은 롤모델이 있다면? 없으면 이유는?
- ☐ 삶에서 꼭 이루고 싶은 세 가지가 있다면?